武志红主编

可以让你变得更好的心理学书

少女杜拉的故事

[奥] 西格蒙德·弗洛伊德 ———— 著

范箬馨 ———— 译

北京联合出版公司
Beijing United Publishing Co.,Ltd.

图书在版编目（CIP）数据

少女杜拉的故事 / (奥) 西格蒙德・弗洛伊德著；范箬馨译.
-- 北京：北京联合出版公司, 2019.6（2022.7重印）
ISBN 978-7-5596-3094-0

Ⅰ. ①少… Ⅱ. ①西… ②范… Ⅲ. ①精神分析 Ⅳ. ①B84-065

中国版本图书馆CIP数据核字(2019)第063386号

少女杜拉的故事

Dora: An Analysis of a Case of Hysteria

著　　者：[奥]西格蒙德・弗洛伊德
主　　编：武志红
译　　者：范箬馨
责任编辑：楼淑敏
封面设计：主语设计
装帧设计：季　群　涂依一

北京联合出版公司出版
（北京市西城区德外大街83号楼9层　100088）
北京联合天畅文化传播公司发行
北京中科印刷有限公司印刷　新华书店经销
字数150千字　640毫米×960毫米　1/16　11.75印张
2019年6月第1版　2022年7月第2次印刷
ISBN 978-7-5596-3094-0
定价：32.00元

一本好书，一个灯塔

| 武志红 |

今年，我 44 岁，出版了十几本书，写的文章字数近 400 万字。并且，作为一名心理学专业人士，我也形成了对人性的一个系统认识。

我还可以夸口的是，我跳入过潜意识的深渊，又安然返回。

在跳入的过程中，我体验到“你注视着深渊，深渊也注视着你”这句话中的危险之意。

同时，这个过程中，我也体验到，当彻底松手，坦然坠入深渊后，那是一个何等美妙的过程。

当然，最美妙的，是深渊最深处藏着的存在之美。

虽然拥有了这样一些精神财富，但我也知道苏格拉底说的“无知”之意，我并不敢说我掌握了真理。

我还是美国催眠大师米尔顿・艾瑞克森的徒孙，我的催眠老师，是艾瑞克森最得意的弟子斯蒂芬・吉利根，我知道，艾瑞克森做催眠治疗时从来都抱有一个基本态度——“我不知道”。

只有由衷地带着这个前提，催眠师才能将被催眠者带入到潜意识深处。

所以我也会告诫自己说，不管你形成了什么样的关于人性的认识体系，都不要固着在那里。

不过，同时我也不谦虚地说，我觉得我的确形成了一些很有层次的认识，关于人性，关于人是怎么一回事。

然后，再回头看自己过去的人生时，我知道，我在太长的时间里，都是在迷路中，甚至都不叫迷路，而应该说是懵懂，即，根本不知道人性是怎么回事，自己是怎么回事，简直像瞎子一样，在悬崖边走路。

我特别喜欢的一张图片是，一位健硕的裸男，手里拿着一盏灯在前行，可一个天使用双手蒙上了他的眼睛。

对此，我的理解是，很多时候，当我们觉得“真理之灯”在手，自信满满地前行时，很可能，我们的眼睛是瞎的，你走的路，也是错的。

在北京大学读本科时，曾对一个哥们儿说，如果中国人都是我们这种素质，那这个国家会大有希望。现在想起这句话觉得汗颜，因为如果大家都是我的那种心智水平，肯定是整个社会一团糟。

这种自恋，就是那个蒙上裸男眼睛的天使吧。

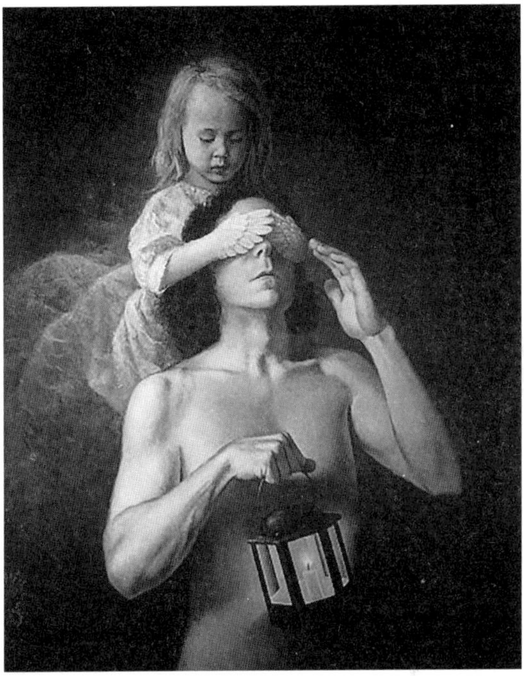

© 2006 Steven Kenny

所幸的是，这个世界上有各种各样的好书，它们打开了我的智慧之眼。

一直以来，对我影响最重要的一本书，是马丁・布伯的《我与你》。

我现在还记得，我是在北大图书馆借书时，翻那些有借书卡的木柜子，很偶然地看到了这个书名《我与你》，莫名地被触动，于是借阅了这本书。

这对我应该是个里程碑的事件，所以记忆深刻，打开这个柜子抽屉的情形和感觉，现在还非常清晰，好像就发生在昨天。

这一本书对我触动极大，胜过我在北大心理学系读的许多课程，我当时很喜欢做读书笔记，而且当时没有电脑，都是写在纸质的笔记本上。我写了满满的一本子读书笔记，可一次拿这个本子占座，弄丢了，当时心疼得不得了。

不过，本子虽然丢了，但智慧和灵性的种子却种在了我心里，后来，每当我感觉自己身处心灵的迷宫时，我都会想起这本书的内容，它就像灯塔一样，指引着我，让我不容易迷路。

那些真正的好书，就该有这一功能。

在《广州日报》写心理专栏时，我开辟了一个栏目“每周一书”，尽可能做到每周推荐一本心理学书，专栏后来有了一定的影响力，常有读者说，看到你推荐一本书，得赶紧在网上下单，要是几天后再下单，就买不到了。

特别是《我与你》这本书，本来是很艰涩的哲学书，也因为我一再推荐，而一再买断货，相当长时间里，一书难求。

现在，我和正清远流文化公司的涂道坤先生一起来策划一套书，希望这套书，都能有灯塔的这种感觉。

我和涂先生结缘于多年前，那时候涂先生刚引进了斯科特·派克的《少有人走的路》。很多读者在读完后，都说这是一本让人振聋发聩的好书，然而在当时，知道它的人很少。我在专栏上极力推荐这本书，随即销量渐渐好了起来，成为了至今为人称道的畅销书。然而，那时我和涂先生并不认识，直到去年我们才见面相识，发现很多理念十分契合，说起这件往事，也更觉得有缘，于是便有了一起策划丛书的念头。

我们策划的这套丛书，以心理学的书籍为主，都是严肃读物，但它们都有一个共同点：作为普通读者，只要你用心去读，基本都能读懂。

并且，读懂这些书，会有一个效果：你的心性会变得越来越好。

同时，这些书还有一个共同点：它们都不会说，要束缚你自己，不要放纵你的欲望，不要自私，而要成为一个利他、对社会有用的人……

假如一本书总是在强调这些，那它很可能会将你引入更深的迷宫。

我们选的这些书，都对你这个人具有无上的尊重。

因为，你是最宝贵的。

我特别喜欢现代舞创始人玛莎·格雷厄姆的一段话：

有股活力、生命力、能量由你而实现，从古至今只有一个你，这份表达独一无二。如果你卡住了，它便失去了，再也无法以其他方式存在。世界会失掉它。它有多好或与他人比起来如何，与你无关。保持通道开放才是你的事。

每个人都在保护自己的主体感，并试着在用各种各样的方式，活出自己的主体感。只有当确保这个基础时，一个人才愿意敞开自己，否则，一个人就会关闭自己。

人性的迷宫，人生的迷途，都和以上这一条规律有关，而一本好书，一本好的心理学书籍，会在各种程度上持有以上这条规律，视其为基本原则。

可以说，我们选择的这些书，都不会让你失去自己。

一本这样的好书，都建立在一个前提之上——这本书的作者，他在相当程度上活出了自己，当做到这一点后，他的写作，就算再严肃，都不会是教科书一般的枯燥无味。

这样的作者，他的文字中，会有感觉之水流，会有电闪雷鸣，会有清风和青草的香味……

总之，这是他们真正用心写出的文字。

每一个活出了自己的人，都是尚走在迷宫中的我们的榜样，而书是一种可以穿越时间和空间的东西，我们可以借由一本好书，和一位作者对话，而那些你喜欢的作者，他们的文字会进入你心中，照亮你自己，甚至成为你的灯塔。

愿我们的这套丛书，能起到这样的作用:

帮助你更好地成为自己，而不是教你成为更好的自己，因为你的真我，本质上就是最好的。

往深里挖，很多家庭都有些变态

| 武志红 |

《少女杜拉的故事》是弗洛伊德最重要的著作之一，它的重要在于，将精神分析和释梦理论运用到了具体的案例中，充分展现了精神分析强大、诱人的魅力。

读这本书，给我感受最深的有四点。

一、真实的生活，本身就是一部悬疑小说

全书充满悬念，很容易让人联想到黑泽明的悬疑电影《罗生门》。《罗生门》的故事原本很简单，大盗遇见武士夫妇，设计擒住武士，然后将妻子骗到武士面前，强暴了她，最后武士死去。本来一目了然的事实，却由于每个人都为了掩盖自己见不得光的秘密，而撒了谎，令真相变得扑朔迷离。

在本书中，少女杜拉一家与K先生一家关系很好，杜拉经常照看K夫妇的孩子，而K夫人也常常照顾杜拉生病的父亲。直到有一天，发生了“湖边事件”。年轻漂亮的杜拉声称，她与K先生在湖边散步时，K先生向她示爱，并拥抱、亲吻了她，这令她感到恶心，并给了他一耳光。但她并没有立即将此事告诉父母，而是等了两周之后才告之，并要求父亲与K先生一家断绝往来。

但是，当杜拉的父亲与K先生见面，问起这件事时，K先生却斩钉截铁地否认，并告诉杜拉的父亲，他听K夫人说杜拉沉迷于关于性的书籍中，可能产生了不切实际的幻想。

而对于杜拉要求两家断交的请求，父亲对弗洛伊德的解释是：我认为K先生向杜拉求爱这件事的真实性有待考察；另外K夫人经常照顾我，我与她之间有着深厚的友谊，不想让她感到痛苦。

杜拉、K先生、父亲，究竟谁在说谎？真相究竟怎样？到底是K先生真的行为不轨，还是出于杜拉的幻想？杜拉的父亲不愿意与K夫人断绝交往，仅仅是因为友谊，还是有着其他原因？事情发生后，杜拉为什么不在第一时间告诉父母，而是等了两周，她是在积蓄勇气，还是另有隐情？这些悬念，如同一团团迷雾，笼罩着“湖边事件”，扣人心弦，令人欲罢不能。

二、能说出口的原因，都不是真实的原因

每个人做事都有一些表面的原因，这些原因能说出口，也容易被别人接受，只可惜不是真实的原因。在表面原因下面，还藏

有很多隐形的原因，这些原因不会轻易示人，是难以启齿的秘密，但它们才是一个人做事最真实的原因。

弗洛伊德在这本书中以他天才般的智慧，揭示了杜拉，以及她身边所有人行为背后最真实的原因。杜拉的父亲说，他之所以不愿意与K先生一家绝交，是因为不想让K夫人遭受精神上的伤害，但真实的原因是他与K夫人有染，并且还想继续保持这种关系。

杜拉的女家庭教师对杜拉很好，表面的原因是她喜欢杜拉，但真实的原因是，她喜欢杜拉的父亲。每当父亲在场时，她就变得活泼有趣，充满爱心，而只要父亲离开家，她便不再陪杜拉散步，也不再关心她的学业。

K先生家里也有一位女家庭教师，是个年轻的女孩，表面上她与K先生的关系很冷淡，从不向K先生问好，也不回答他的话，在她眼里K先生好像不存在一般。但背地里K先生却与她的关系纠缠不清。就在“湖边事件”发生前的两天，这个女孩告诉杜拉，K先生曾有一次趁他妻子外出时，与她强行发生了关系，还对她说:“你知道，我从妻子那儿什么都得不到。”

或许，最令人惊愕的，是杜拉自己行为背后的真实原因。杜拉表面上痛斥了K先生，但她心中却一直爱着K先生。她经常去照看K先生的孩子，真实的原因是想接近K先生。她给了K先生一耳光，表面上是她感到恶心，真实的原因是K先生对她说了与那位女家庭教师同样的话——“你知道，我从妻子那儿什么都得不到。”这句话严重伤害了杜拉的自尊心，她在潜意识中的想法是：“你怎么敢像对待一个家庭教师一样对待我？”

至于杜拉为什么要等两周之后，才将“湖边事件”告诉父母，真实的原因是，她想给K先生一个机会，想看看他是否还会再一次向她求爱。如果他真的这样做了，她就会觉得他的举动是认真的，并不像对待那个家庭女教师一样，只是为了满足性欲。但最后K先生不仅没有再一次向她求爱，还诋毁她，这令杜拉精神崩溃，并引发了她的歇斯底里症（癔症）。

当然，这些原因背后的原因，很多都隐藏在潜意识中，不被意识所察觉，但作为精神分析学的创始人，弗洛伊德却将故事中每个人行为背后真实的原因，即他们潜意识中的想法，淋漓尽致呈现在读者面前，无处可逃，让我们得以看见人性的真实、复杂和深刻。

三、每段变态的关系，都会把人逼疯

很多人觉得杜拉的家庭有些变态，不错，的确很变态。她的父亲婚前患过梅毒。她的母亲有洁癖。她最喜欢的姑妈患有严重的精神疾病，在经历了一段不幸的婚姻之后，憔悴致死。她的伯父是一位患有疑病症的老光棍。而杜拉本人也患有歇斯底里症，临床表现为神经性咳嗽、失音，还伴有抑郁。

心理疾病虽然会受遗传因素的影响，但家庭关系的影响无疑是更为巨大的。变态的家庭关系，往往是导致心理疾病最重要的原因之一。

四、看见了，就治愈了

虚假的关系，充斥着谎言，就如同迷雾中的罗生门，置身其中的人看不见真相，也觉察不到自己潜意识中的想法。杜拉就像一只美丽的蝴蝶，被罩在了一张由谎言编织成的巨网中，她不清楚自己潜意识中的想法，她的情绪和行为，总是无意识的，不由自主的。

譬如，有一次，杜拉跟不认识 K 先生的表妹在街上闲逛，突然撞见了 K 先生。她自己没有感到任何异常，而表妹却大惊失色地说："杜拉你怎么啦？怎么脸色这么惨白？"

弗洛伊德对杜拉的治疗，本质上就是让她深埋在潜意识里的想法，渐渐浮现到意识的层面，并被她看见。看见了，就治愈了。看不见，这些潜意识的想法就会表现为一系列症状行为。

但幸运的是，杜拉遇见了人类历史上最伟大的精神分析师——弗洛伊德。在弗洛伊德的治疗下，随着杜拉潜意识中的想法慢慢浮出水面，她对自己和身边人的认识也越来越清晰和真实，病情逐渐好转。

三年后，K 夫妇家中的一个孩子去世了，杜拉前去哀悼。他们一家人接待了她，就像从来没有发生过任何事一样。但杜拉却戳破谎言的迷雾，说出了真相。她对 K 夫人说："我知道你和我父亲有染。"K 夫人并没有反驳。而 K 先生也承认了湖边发生的那件事，并且向杜拉的父亲澄清了她的清白。

杜拉的故事说明：所谓心理治疗，其实就是让关系变得真实，让谎言大白于天下。

这本书篇幅不长，却引人入胜，令人震撼。弗洛伊德说，这个病例为他开启了无数智慧之门。而我相信，通过阅读，你也将打开精神分析的大门，受益匪浅。

最后特别想说的一点是，每个人的心灵史，都是一部史诗。少女杜拉的故事，因为有复杂的故事和强烈的性刺激，所以显得更像是小说，但其实，如果深度去了解每个人的故事和内心，你会深刻地感知到，每个人都是传奇。

作为精神分析取向的咨询师，我多数个案都是长程，一般都会持续三五年以上，当和另一个灵魂，有了这样长时间地深度碰触后，你很难不这样感慨。

也因此，资深的精神分析师们，最后都有点不愿意用疾病的术语来定义人，因为你会发现，那些所谓的心理问题，只是人性不可避免地曲折表达而已。

目录

CONTENTS

第二章
第一个梦

第三章
第二个梦

序

从 1895 年到 1896 年[①]，我对歇斯底里症（癔症）的病因及病程发表了一些自己的见解。转眼十年过去了，现在，我想以一个真实的案例，来佐证我当年的观点。这篇序言的目的有二：一是充分说明我用精神分析法剖析此案例的理由，二是让读者更清晰地理解本书内容。

当初出版《歇斯底里症研究》和《歇斯底里症的病因》两本书，其实是个唐突的决定，因为书中那些并不讨喜甚至惊世骇俗的内容，从未得到同行们的验证。在本书中，我一方面根据之前两本书中的论点分析了案例，另一方面，也在用真实案例支持当年的结论，在我看来，这可以让世人更好地理解和评判我当年的结论。外界有声音指责我，说我之前的书中不提供患者的半点信息，而在本

---

①《歇斯底里症研究》（布洛伊尔与弗洛伊德合著，1895）和《歇斯底里症的病因》（弗洛伊德著，1896）

书中，又泄露了患者过多的秘密。我倒希望这两种异议只是他们反对我的借口，如此，我就可以放心地对他们不屑一顾了。

但必须承认的是，刨除这些居心叵测的评价，本案例的发表依然异常艰难。一是鉴于当下的社会环境，二是因为存在一些技术性难题。如果说，歇斯底里症的病因源于患者的亲密关系和性心理，其表现形式又与他们心底压抑已久的秘密有关，那么，一份关于此症的心理分析，必然会曝光患者最不为人知的隐私。正因如此，想让患者授权允许将其案例作为科研资料，甚至变成文章公开发表，几乎是一件不可能的事。一些谨慎的患者会希望医生恪守医德，不泄露自己的信息，并宣称自己的案例毫无科研价值。但我认为，医生的责任不应局限在治疗个体的患者上，还应该为科学的发展尽一份力，这也是为了能在将来帮助更多相同境遇的患者。在保证患者安全的前提下，医生发表自己对于歇斯底里症成因和表现的看法，是职责所在，否则便可称为懦弱。况且我确信，自己已经为保护患者做好了万全的准备。本书所选用的案例，其患者居住在一个偏远小镇，她的生活环境和人际关系都与维也纳没有交集。除了另一名我非常信任的治疗师外[①]，自治疗之始，没有人知道她在我这里接受

① 该治疗师是弗里斯。

心理咨询。直到治疗结束四年后，她的生活已经发生了改变，且这些改变足以证明她已经淡忘了之前在维也纳的心理治疗，我才决定发表这个案例。该案例只会发表在学术刊物上，其中使用的化名也绝不会引起非医学界人士的联想。当然，如果患者本人看到了这本书，我无法确保她不会感到受伤，然而我书中所做的分析，早已在心理咨询时就已经告知了她，她不会看到新的信息。相信连她自己都会觉得：除了她自己，有谁能看出书中的患者就是她?

我知道，在维也纳有一些毫无道德的心理治疗师，他们阅读案例分析的目的，不是为了研究，而只是为了作为茶余饭后的消遣。因此，为避免我刊出的案例受到这类人的亵渎，我向读者们保证，我对所发表的内容会进行严格筛选。

迫于人们对医生职业道德的期许，和社会的舆论环境，直到今天，我才发表了第一篇实际的心理案例分析。在本案例中，我与患者坦诚地讨论了有关性生活、性器官以及其他相关话题。虽然患者当时还是名年轻的少女，但这丝毫没有影响到我跟她的交流方式。如果有人想因此指责我，我的妇科医生执照足以解释一切。如果有人将我与患者对性的探讨，视为我为满足变态私欲的手段，我只能说：那只是你们的小人之心。对于各种噪音，下面这段话足以表达我的观点：

在以科研为目的时，如果我们仍需为某些行为进行辩解，其实是一件非常可悲的事情。因为有着这样的时代精神作祟，在此环境下，任何科研书籍都可能走向毁灭。

——施密特

为了出版这本书，我还必须克服一些技术上的难题。心理治疗师每天要面对六到八位患者，并且在治疗现场，经常会因为害怕影响患者的状态，而不做笔记，因此，获得一份完整访谈记录的可能性微乎其微。坦白说，我到现在也没有找到可以完整记录咨询过程的方法。本书的案例之所以能够发表，有两个原因：一是患者心理咨询持续的时间不超过三个月；二是对案例的分析基于患者的两个梦境（一个出现在治疗中期，一个在治疗后期）。这两个梦境，都是在治疗后被及时记录下来的，这也为后来我进行解析提供了条件。在咨询的过程中，我就萌生了发表该案例的想法，所以，对它更是格外关注。而对此案例的分析，是在治疗完全结束后凭借回忆完成的，尽管不可能像录音一样精准无误，但真实性毋庸置疑。为了增加文章的连贯性，我仅调整了几处分析的次序，对于患者提供的所有信息没做任何修改。

接下来要说的，是这本书的重点和遗珠之憾。这本书的原名叫“梦与歇斯底里症”，因为在案例中，梦境填充了患者的记忆空白，影响了她心理问题的表征，所以，梦境分析对她的治疗可谓至关重要。基于各种考虑，我在 1900 年专注研究梦境，并发表了《梦的解析》，而没选择其他心理疾病，但正是此书的出版，让我发现了很多治疗师对释梦的了解相当肤浅。反对我的人声称，由于我没有为大家提供具体的解析案例，所以他们才无法对我的理论进行验证。恕我不能认同这些说辞，毕竟，每个人的梦境都是可以拿出来分析的，释梦的方法也能从《梦的解析》中学到。

所以，我有必要再强调一次，学习梦的解析，是了解歇斯底里症和其他心理疾病成因的最重要基础，如果有学者不想钻研梦境的意义，那么他在心理学上的造诣必定止步于此。阅读本书，需要读者具备一定的释梦能力，否则很可能觉得不知所云，感觉困惑多于启发，到最后，还会指责我的释梦方式太过怪异。但其实，歇斯底里症本身就足以引发困惑了，当我们试图去厘清这些困惑时，常会让自己更加费解。只有当对该种疾病的了解不断深入时，困惑才会逐渐减少，而想要完全消除困惑，需要能把所有心理疾病的成因，都归结到我们熟悉的事物上。但在现实中，情况却总是相反的，我们在研究心理疾病的成因时，会假设出很多陌生的理论，这些理论在经过验证后，成了新的知识。但是在一开始，这些新知识最容易遭到抗拒和诋毁。

必须承认，尽管梦的解析成了本案例中的关键，但并不代表这种方法适用于所有精神分析案例。本书中的案例只适合使用梦的解析，其他的精神分析法很难产生效果，但也正是因为典型性，本书才得以出版。

我之前提到过，个案的咨询时间如果超过一年，我就不知该如何进行治疗记录了。而本书的案例只持续了三个月，随后由于患者的意愿而中断治疗，这虽然有利于我记录，但治疗效果确实不及预期。当治疗被叫停时，某些问题只是被浅显地提出，还没有进行深入探讨，还有一些问题甚至未被提及，因此，接下来我只能提供一些分析的片段。假如治疗顺利进行下去，相信我与患者将会更深入地探讨并解决各方面问题。

如果读者熟悉《歇斯底里症研究》中的分析方法，很可能会惊异于本案例花费了三个月，我却还未能完全理解患者的症状。其实，自《歇斯底里症研究》出版后，精神分析的方法发生了巨大改变。此前，精神分析着重于症状，治疗师会逐个分析患者的症状及其成因；《歇斯底里症研究》出版后，我放弃了这个方法，因为我发现，它完全不适用于思维比较混乱的歇斯底里症患者。

在新的治疗方法中，我让患者自己提出想要探讨的话题，这样就可以找到他们最愿意接触的意识，进而分析出患者的潜意识需求。但这样一来，患者对于时间、地点和症状的表述，都会变得很零碎，不过，除了这一个缺点外，这种新的精神分析法远胜于之前的所有分析方法。

这份尚待完善的案例分析，如同考古学家发现的遗迹碎片，虽然零散，却让珍贵的古迹重见天日。就像文物修复者一样，本书中，我会运用其他心理分析法作为补充，我会阐明何处是患者的自述，何处是我对她的分析。

书中还有一类不完整，缘自我的有意为之。我有一个习惯，那就是只会呈现案例分析的结果，而不会显示我是如何通过与患者的谈话得出结论的。因为这个案例的主旨是为了揭示歇斯底里症的病因与症状，所以，为了不造成混乱，我在本书中除了解释梦境外，仅有几处展示其他精神分析法的分析过程。通常来说，我们的确要参考大量的其他案例，才能总结出那些精神分析法的经验。但本书是个特例，因为在这个短期（三个月）咨询过程中，很多精神分析法都未能涉及，更无法与患者讨论关于移情的话题。

本书的另一个局限在于，这仅是一个单独的案例，无论对它的分析多么完善，都不可能解答关于歇斯底里症的所有问题。它既不能代表歇斯底里症的所有种类，也不能解释所有成因，更不能阐明在歇斯底里症中，心理问题和身体表现之间的所有联系。我们不能奢望从个案中找到所有问题的答案。更何况，那些不相信歇斯底里症和性心理疾病成因的人，更不可能被一份案例说服，大概只有他们自己的研究成果，才能让他们停下无休止的批判吧①。

---

① 注于1923年：书中案例治疗于1899年12月31日终止（实际上是1900年），我在治疗结束之后的两周之内完成了本案例分析，但是一直到1905年才发表了此书。二十多年来，我在精神分析和心理咨询实践中不断的完善和学习，让我对本案例的看法发生了一些改变，但是二十多年之后再矫正我对这个案例的看法，是一件很可笑的事。所以我还是保持了它的原貌，只是修改了一些詹姆斯·斯特雷奇夫妇提出的错误。所有我认为可以添加的说明，我都已经添加到了注释之中。本书中有几处注释中的观点与原文产生矛盾，那是我现在所持有的观点，而我未作说明的地方，则表示我与原文的观点一致。除了杜拉的案例，本书中的其他案例并没有违背医德，因为其他患者都签署了同意书（由于小汉斯未成年，他的同意书由他父亲签署）。并且第四个案例中（施贝雷），案例分析的对象并不是他本人，而是他所发表的一本书。而杜拉的秘密，则被我保存了很久。但最近我听说她因为其他原因，又在进行心理咨询，在与医生交谈的时候，她并没有隐瞒当年在我处接受治疗的事情。她的自我披露让我的同行人士很快辨认出，她就是本案例中所描述的主角。当年为期三个月的治疗只能缓解她内心的痛苦，并不能根治歇斯底里症，所以如果因为她又一次进行心理咨询，就来责怪精神分析法，是一件极其荒唐的事情。[本卷书中包括了五个案例分析，除杜拉的案例之外，还有小汉斯（1909b），鼠人（1909d），施贝雷（1911c）和狼人（1918b）]。

临床表现

Dora: An Analysis of a Case of Hysteria

第一章

杜拉：一个怪脾气的少女

1900 年，我出版了《梦的解析》，并在书中提出了释梦理论。我认为“梦”是能够被解析的，并且通过解析，可以在有意识的心理活动中发现梦境的意义。之后我会通过实例，来为大家展示释梦的原理。在《梦的解析》中我曾提到，梦是我在精神分析研究上的一大障碍，但这也正是我想研究它的原因。患者经常会向我讲述他们的梦境，这些梦境与他们心理疾病的成因和表现形式息息相关，这引发了我的思考，我开始尝试将梦境转化为人们心中的诉求。这是心理咨询师的必备技能，因为梦境是人的一条宣泄通道。在白天，人们的意识会压抑住一些不合时宜的原始欲望，而到了夜晚，这些欲望就会在梦中以不同形式表现出来。倘若欲望无法得到充分的表达，日久天长，便会形成心理疾病。简言之，梦境是人类表达潜意识、彰显内心欲望的重要形式。

通过本书中歇斯底里症少女的案例，我将展示如何将梦境解析运用到精神分析当中，这也是我第一次有机会在出版刊物中，详尽地说明我对歇斯底里症的心理活动和病理性成因的看法，希望由此让我的观点不再遭到曲解。众所周知，歇斯底里症患者最需要的是治疗师的共情能力和充足耐心，而非傲慢轻蔑。鉴于此，我想自己无须为接下来的长篇大论而抱歉了，毕竟：

> 科学与艺术都是虚无，
> 耐心才是万物的基础。[①]

大家现在所看到的案例分析，与我治疗时的实际顺序略有不同。作为咨询师，在咨询过程中收集的信息，在时间顺序上往往是断裂无序的。就拿本书中的案例来说，这位十八岁少女的父亲只粗略地描述了一下病情，提供的信息非常片面。所以当我开始治疗时，依然会直接询问患者，我认为，患者自己才会让我了解到他们真正的生活和病况，当然，患者给出的信息仍不可能面面俱到。但这就像是河流，有时难免会被浅滩和沙

① 原文：Nichet Kunst und Wissenschaft allein,Geduld will bei dem Werke sein.

洲阻断，但有时，也会被石头撞击起团团水花。

正因为歇斯底里症患者没能力提供自己的完整信息，我不禁怀疑，那些所谓权威专家们，是如何发表出信息连续又完整的歇斯底里症分析案例的？虽然，歇斯底里症患者确实能提供一些自己相对稳定期的心理活动，但是，对于自己心绪不稳时的描述，他们很可能语言空洞无物，甚至出现记忆空白。对于这类信息，即使让患者做出最简单的描述，所呈现的故事大多也是不连贯的、颠三倒四的，这也为咨询师整理信息造成了极大困难。在咨询过程中，患者还可能对事情发生的时间反复修改，有时在修改数次后，又回到了最初的说法，他们不能将自己的生活经历连贯地描述出来。这种情况不仅发生在有精神疾病的患者身上，在其他患者的描述中也有体现[①]。他们的记忆空白，也许来自于以下几种情况：第一，患者故意有所保留，他们被意识支配，只将自己想告诉咨询师的部分讲了出来，从对

① 另一名心理咨询师曾经将他的姐姐推荐到我这边做心理咨询，并告诉我他姐姐已经接受了几年的心理咨询，但不见好转，他对他姐姐的描述，非常符合歇斯底里症的诊断标准。而当我跟他姐姐第一次进行咨询的时候，她对时间和事件的描述非常清晰连贯，所以我认为她绝对不是一名歇斯底里症患者，当即决定对她进行身体检查，后来发现她所患的是严重的梅毒，而在郎教授的治疗之后也有了明显的好转。

那些让他们感到羞愧或者难以启齿的事情（或者害怕自己的话会牵扯到其他人）绝口不提；第二，患者并非有意隐瞒咨询师，而是潜意识在作祟，他们的记忆在其他时刻非常清晰，但只要一到治疗时，就会无法记起；第三，则是真正的失忆。人不可能记住一生中所有的事，遗忘是很正常的，就算是刚刚发生的事情，我们也有可能转头就忘。这种时候，就有可能发生错忆[①]，即患者会把幻想和真实混淆，歪曲事实，颠倒黑白。失忆的根本原因，是因为事件之间缺乏联系，因此事件的时间顺序一旦被打乱，遗忘便成了必然。而更巧合的是，事件发生的时间偏偏是人类记忆中最薄弱的一环，也是最容易被意识压制的一环。压制初始，患者会对自己不完整的记忆有所疑虑，无法确定记忆碎片是否真实，但到了最后，真实记忆便会消失，或被虚假记忆取代。

这种记忆上的空白或错乱，与患者的病情是同步的，从理论层面上说，与疾病的成因也关系颇深。错忆，是为了填补记忆空缺而出现的毫无根据的记忆，只有当患者接受了心理治

① 失忆症和错忆症是互补的两个概念，当记忆中出现大段缺失时，其中会出现很多错误。而反过来，错忆症则是为了填补记忆中的空白。

疗，并且跟咨询师建立稳定的关系之后，他们才有可能回忆起那些被自己遗忘的事情。不过，治疗失忆只是心理咨询的次要目的，咨询的主要目的是帮助患者塑造有意识的思考能力，并用这些思考代替患者的症状。然而，这两个目的却是休戚与共的，其中一个目标一旦达成，也会一举两得地达成另一个。

在精神分析法中，咨询师不仅要了解患者的社会背景和病史，也要了解他的身体症状。接下来，我们就会看到了解家族遗传病史在精神分析中的重要意义。

本书案例中的主角是一名 18 岁的少女，她的家里除了父母之外，还有一个比她大一岁半的哥哥。她的父亲很有智慧，性格也很鲜明，是家中的权威。这些关于她家庭的信息，能让我们了解到她的童年和病史。当患者刚来找我进行咨询的时候，她的父亲年近 50 岁，是一名才智非凡、事业有成的企业家。她自幼与父亲关系很好，即使有时对父亲的一些做法并不完全认同，也会因其权威而选择顺从。

少女 6 岁的时候，她的父亲感染上了肺结核，这场疾病让她对父亲的感情愈发深厚，也促使全家搬到了环境优美的南方小镇（B）居住。在那里，她父亲的疾病迅速好转，但他们仍不能掉以轻心，所以又继续在 B 镇居住了 10 年。父亲病情稳定时，偶尔还会回公司看看。而夏天最炎热的时日，他们一家还会到山中的小屋避暑。

少女 10 岁时，她的父亲因为视网膜脱落需要在暗房中进行治疗，但不幸的是，父亲的视力还是出现了永久性损伤。两年后，他的病情急剧恶化，出现了无意识攻击行为，并伴有麻痹和精神障碍。他的一个朋友（后文还会出场）看到他治疗效果不佳，便建议他和治疗师一起到维也纳找我。最初，我认为他患了脊髓痨，后来他承认自己在婚前感染过性病，我才确诊他是弥散性血管内凝血。在治疗时，我使用了大量的抗梅毒药品，并且效果显著。也许正是因为这次成功，才让他在四年之后，愿意将已有精神疾病征兆的女儿介绍给我，并且又过了两年，安排女儿在我这里进行心理治疗。

巧合的是，我也认识他住在维也纳的姐姐，她患有严重的精神疾病（但没有歇斯底里症的表现），在经历过一段不幸的婚姻之后，她最终因为重度消瘦而去世。这种病恶化得很快，但症状却并不明显。后来我又遇到了他的哥哥，了解到他是一个患有疑病性神经症的单身汉。

在本案例中，这名 18 岁的少女从情感上一直偏向父亲，所以当她患病之后，她便将刚刚提到的那位姑妈视为榜样。但毫无疑问的是，她不仅继承了来自父亲家族的聪明才智，也遗传了他们的精神病基因。我从未见过患者的母亲，通过她和她父亲的言辞，那似乎只是位毫不讲理、愚蠢至极的家庭主妇。尤其是在父亲生病后，她越发专注于家务，甚至疑似患上了“家庭主妇精神病”。她完全不关心孩子们的喜好，全部心思都花在了打扫卫生、清理家具、擦拭器皿上，家里干净得毫无生活气息。这种情况在家庭主妇中很常见，让我联想到了清洁强迫症和几种类型的洁癖。由于这些家庭主妇（包括患者的母亲）对自己的病症丝毫没有察觉，所以，她们并不算是严格意义上的强迫症。我的这位患者与她母亲的关系一向不睦，她看不起自己的母亲，经常无情地指责对方，可以说，母亲的话对她没有一点影响力[①]。

---

①我不认为遗传因素是造成歇斯底里症唯一的原因，但是在我之前发表的刊物，例如《遗传与神经症病因》中，也强调了遗传因素的在歇斯底里症形成过程中的重要性。在本案例中，患者的父亲及其哥哥和姐姐都有一定的神经症症状，而她母亲的病态强迫也有遗传的表现，所以患者遗传的致病基因应该是来自父母双方。但是除了遗传性因素，我认为她的易感性还与另一个因素有关。我之前提过她的父亲在结婚之前患有梅毒，而在我精神分析的职业生涯中，有很多患者的父亲都患有梅毒或者全身麻痹。因为我的治疗方法很新颖，所以前来咨询的都是一些情况严重，或者久病不治的病患。根据 Erb-Fournier 理

患者幼年时的偶像，是那位只比她年长一岁半的哥哥。但是在最近几年，他们的关系却渐行渐远。哥哥总想要摆脱家庭的纷争，每次被逼着表明立场时，他都会选择支持母亲。在性器期发展出来的恋父和恋母情结，在此刻得以充分体现——女儿与父亲站在一边，而儿子与母亲同一阵营。

本案例中的患者叫作“杜拉”①，她在 8 岁的时候，就已经出现了精神疾病的早期特征。那时，她患有慢性呼吸困难症，有时病情十分凶险。她的第一次发病，是在一次短途的登山之旅后，于是大家理所应当地认为是劳累所致②。

女孩也患过诸如感冒之类的常见疾病，不过都没造成太大影响。她告诉我，从来都是哥哥先感冒或者患了其他病，之后传染给了她，但哥哥的症状通常很轻，她的病情却总是很严重，这让我觉得非常有深意。在她 12 岁时，开始出现偏头痛

论，如果一名男性在早年患有梅毒，那么之后便更有可能罹患脊髓痨或者全身麻痹。我也通过多个病例验证了该结论。在最近一个论坛中（1900 年 8 月 2 日至 9 日在巴黎举行的第十三届国际医学会议，研究文章由 Finger、Tarnowsky 以及 Jullien 等人提供），大家进行了关于梅毒患者后代的讨论，我作为神经病理学者提出的结论：父亲所携带的梅毒病菌，极可能导致孩子形成神经症体质。而这一点竟然从没有人提及。

① 杜拉是弗洛伊德为患者取的假名。

② 她第一次发病的诱因将会在之后进行讨论。

和神经性咳嗽。起初，这两种症状会同时出现，但随着时间流逝，这两种症状却开始此消彼长。当她 16 岁时，偏头痛已经很少发作了，但之前因为感冒而引起的咳嗽，却一直没有好转。在她 18 岁时，不得不因为不断咳嗽而找我进行心理治疗。她的症状发作次数没有规律，但一般会持续三到五周，有时甚至长达数月。发病前期，最严重的时候人会失音。种种情况，让她被诊断患了神经症，但是普通的治疗方案（例如水疗和电疗）却都无法获得显著效果。在这个过程中，女孩逐渐成长为少女，并对事情有了自己的判断和见解，于是，她开始嘲笑医生的努力，甚至完全拒绝他们的治疗。虽然她并不排斥自己的家庭医生，但对新接触的医生却极端抗拒，她能来我这里进行咨询，想来全是因为屈从于父权的结果。

杜拉为什么要自杀

我第一次见到杜拉，是在一个初夏，那时她才 16 岁，见面时她声音嘶哑，而且一直咳嗽。我当时就建议她进行心理咨询，但是这建议并没有被采纳，因为她觉得虽然自己的症状很久了，但最终能自然消失。到了次年冬天，她最爱的姑妈去世了，她便跟姑父与表姐妹一起住在维也纳，在那里她发起了高烧，并被诊断为阑尾炎。隔年秋天，由于她父亲的病情已经好转，一家人便搬离了 B 镇。起初他们去了他父亲公司所在的城市，住了不到一年，就搬到了维也纳，并且在此定居。

此时的杜拉正值妙龄，美丽聪慧，但却成了家人烦恼的源头。她的郁郁寡欢和性格乖张，成了自己病症的主要症状。她不仅对自己不满意，对家人也是满腹怨气，她对父亲变得极不友善，而由于母亲一直希望她能帮忙做些家务，她和母亲的关系更加恶化。她总是用“疲倦”或者“心神不宁”当作逃避社交的借口，但却能积极参与到女子论坛讲座中，并对此苦心钻研。一天，父母看到了放在她抽屉中的遗书，这让他们大惊失色。她在上面说，自己无法忍受现在的生活，想要离开这个家。尽管，她的父亲凭借敏锐的洞察力，推断女儿并不是真的想自杀，但他还是被女儿的这个念头吓到了。某一天，这对父女进行了一次短暂的谈话，而杜拉却在谈话后第一次失去了意识，虽然她本人对这件事毫无印象，但这却促成了她到我这里接受治疗，当然，她本人对此很不情愿。

如果只从上述描述来看，这个案例似乎没有太大的研究价值，不过是得了“轻度歇斯底里症”，症状也都是些程度很轻的普遍表现：呼吸困难、神经性咳嗽、失音，以及轻度的抑郁、兴趣减退和并不强烈的自杀倾向。在此之前，已经有比它更极端、更完整的歇斯底里症案例被分析过，而且本案例与异常皮肤敏感性和视觉局限等病症，也都没有什么相似点。但我敢说，上述这些只是歇斯底里症所有症状的冰山一角，其表现形式和病因仍存在大量未解之谜。我认为只有从最基本的地方出发，解释清楚那些最简单的案例和那些最常见的症状，才能让人们更好地了解它。我之前对其他患者所做的精神分析，让我有了足够的能力去分析杜拉的案例，如果当下环境允许我对这类轻症案例做出完整解析，我将不胜欢欣。

1896 年，在我的《歇斯底里症研究》出版后不久，我拜访了一位在学术界享有盛誉的心理学家，询问他对于我书中观点的看法。他直言不讳地评论道：书中的结论仅仅是基于几个案例所做出的总结，理论依据并不充分。从那以后，我阅览了很多歇斯底里症案例，对每个案例都会花费数天、数月甚至是数年的时间潜心研究。而每个案例，都无一例外地验证了我在《歇斯底里症研究》中的理论——触发歇斯底里症的事件包括心理创伤、情感冲突，以及后来我在自己书中提到的性方面的困扰。当然，我们不能要求患者在治疗时毫不掩饰地说出隐藏至深的秘密，但是治疗师也不能因为感受到了患者的抗拒，便停止治疗[①]。

第一次被拥抱与亲吻

在杜拉的案例中，多亏了她机智的父亲，我才得以不费力地了解到杜拉的生活环境和病情的最新状况。根据他父亲的介绍，他们一家人在 B 镇居住的时候，与当地一对新婚 K 夫妇交情匪浅。在杜拉父亲生病期间，K 夫人一直对他非常照顾，所

①有一个例子发生在维也纳的另一位治疗师身上，他之前对于性方面的诱因并不重视，但在经过对一个有歇斯底里症的 14 岁女孩进行治疗后，他却开始认真看待这个诱因。这个女孩患有神经性呕吐，他曾经问过这个女孩一个难以启齿的问题，他问她是否和其他男人有过私情。那个女孩生气地否认了，并且还跟母亲抱怨说："那个蠢老头居然问我有没有跟其他人有私情。"后来，她找我进行咨询时，告诉我她已经手淫成瘾，而且白带很多（很可能与她的呕吐有关）。虽然她最终戒掉了这个习惯，但是却一直被羞愧感所折磨，她认为家里人所遭受的不幸都是因为她不洁的习惯造成的。除此之外，她家里人一直隐瞒她有一个未婚先孕的姑姑，而她却早就知道了这件事。这个少女被认为"只是个孩子"，却早早就知道了男女之事。

以，他对K家人充满感激。而K先生则对杜拉十分关心，经常陪她出去散步，还会偶尔送她一些小礼物，杜拉的父母认为K先生的做法没有任何不妥。而杜拉也很照顾K夫妇的两个孩子，那是一种母亲般的无微不至。然而，两年前的夏天，当杜拉和她父亲来拜访我的时候，他们正准备和K夫妇决裂。

起因是两家人在阿尔卑斯山下K家湖边别墅的一次度假。当杜拉父亲准备离开的时候，杜拉还说想多待几周，而就在父亲收拾行李之际，杜拉突然改变了主意，坚决要跟父亲一起离开，并且迅速打包好了自己的物品。几天之后，她才向母亲说出了事情的原委，她大概知道母亲必定会转达给父亲。她解释道，在她与K先生湖边散步的时候，K先生曾大胆地对她表白。之后，她父亲在与K先生见面时提起了这件事，K先生却斩钉截铁地否认自己有此行为。他不仅否认自己想要出轨，还将责任归咎到杜拉身上，说自己从K夫人那里听说杜拉对性方面的事情很感兴趣，而且正在阅读曼特加扎的《性爱生理学》等书籍。K先生认为，正是因为这些书籍，才让杜拉产生了不切实际的妄想。

杜拉的父亲对我表达了他的看法："我觉得，这件事就是杜拉抑郁、躁狂和出现自杀念头的原因。她一直逼着我们跟K夫妇断绝往来，尤其是必须和K夫人断交——她之前可是很崇拜对方的，但我当然不能因为她的一面之词就跟朋友断交。首先，我个人认为，K先生向杜拉求爱这件事的真实性有待考察；另外，我跟K夫人之间有着深厚的友谊，我不想让她感到痛苦。她跟她丈夫的生活一直不太幸福，说起来，我也并不喜欢K先生。K夫人遭受了太多精神上的折磨，我是她唯一的安慰。而我的身体状况如此糟糕，足以说明我们两人之间真的是纯粹的友谊。我们是两个同病相怜的人，在互相舔舐伤口，你知道的，我从妻子那里得不到这种安慰。至于杜拉，因为她遗传了我的倔强，对K夫妇的憎恶很难改变了，她最近的一次发病，就是因为她又逼迫我跟他们断交，我想，只有你能让她恢复理智了。

她父亲的表述其实有些自相矛盾，因为他有时会将杜拉的怪异行为归咎于自己的妻子，认为是妻子导致了阖家不宁。作为心理咨询师，在听杜拉亲口说出这个故事之前，我不会对整件事的真伪妄加评论。

K先生先是向杜拉示爱，然后转而诋毁了她的名声，这对杜拉来说造成了精神创伤，也成为她发病的诱因。布洛伊尔和我在很早时[1]就提出过，精神创伤是诱发歇斯底里症的一个必要条件。但是通过本案例，我对这个结论有了改观[2]。不仅如此，杜拉的案例还提出了更多难题。在歇斯底里症患者的病史中，精神创伤是不足以决定或者解释他们发病时的症状。神经性咳嗽、失音、抑郁都只是已知的表现形式之一，还有些表现形式是我们尚不知道的。而且，在本案例中，有些症状——例如咳嗽和失音——是在患者经历创伤之前就存在的，它们最早在她 8 岁时就已经出现了。如果我们坚持认为是精神创伤诱发了她的歇斯底里症，就必须找出她童年时期造成过类似精神创伤的经历。另外需要注意的是，即使患者第一次发病不是在童年时期，他们的早年经历也是非常重要的[3]。

---

① 布洛伊尔和弗洛伊德早年出版的《初级沟通》。

② 我不认为这个理论是错误的，但它确实是不完整的。《初级沟通》这本书强调了“催眠状态”，布洛伊尔定义这个状态是由于精神创伤引起的，并且是所有异常心理状态的基础。很多评论家也认为“催眠状态”是本书中最为重要的核心概念。但是由于这本书是我与布洛伊尔合著的，所以存在很多意见分歧。我个人认为，“催眠状态”这个理论是多余甚至是带有误导性的，因为它完全没有考虑到歇斯底里症形成过程中的心理过程。（布洛伊尔在《歇斯底里症研究》这本书中，更加细致地讨论了“催眠状态”这个理论。）

③ 参考我早期发表的论文《歇斯底里症病原学》。

当杜拉与我共同克服了治疗的第一个难关后，她将自己初识 K 先生不久后的一件事告诉了我，我认为，比起她父亲的讲述来说，这件事更有理由算作“性创伤”。

在她 14 岁的一天下午，K 夫妇邀请杜拉到位于 B 镇中央广场旁边的 K 先生办公室见面，然后一起去参加教堂的节庆活动。那一天，K 先生先是说服了 K 夫人留在家中，继而支走了他的秘书，于是当杜拉到达时，只有他一人在办公室。当庆典快要开始时，K 先生让杜拉到门口等他。就在杜拉走向那扇挨着上楼楼梯的大门时，K 先生到窗边拉下了百叶窗，并转身跟在杜拉身后。但他并没有走出大门，而是突然一把抓住杜拉，将她拉向自己，并强吻了她。对于一个从未与异性亲近过的 14 岁女孩，这情景无疑唤起了她的性冲动。但杜拉当时却产生了一种强烈的厌恶感，想要立刻逃离这个男人，所以她立刻冲向楼梯，跑到了街上。虽然事后她还是会与 K 先生见面，但两人都对这件事绝口不提。杜拉将这个秘密隐藏了很久，直到治疗时才对我坦白。从那件事之后，她会有意避开跟 K 先生单独接触。原本 K 夫妇想让杜拉和他们一起旅游几天，但是因为那个吻，杜拉直接拒绝了他们的邀请。

杜拉对这个吻的反应，其实已经是歇斯底里症的一种表现了。如果一个人在产生性冲动的同时，大部分感受是消极的，那么无论这个人是否出现了身体症状，都可判断为歇斯底里症患者。神经症心理学中最重要、也是最困难的一个问题，就是解释人们为何会出现这种心理感受与身体体验完全相反的情况。对于这个问题，我也难以给出完美的回答，但是，我会在本书有限的篇章里，将自己掌握的与之有关的所有知识悉数列出。

想要更好地分析杜拉的案例，仅仅知道她有着与身体体验相反的心理状态是不够的，还需要了解她出现“感觉置换”的过程。在第一次被人亲吻的时候，杜拉并没有像正常女孩一样感受到愉悦的性冲动，反而被激发出了口腔黏膜和胃肠道的不适感（恶心）。我认为，她之所以有这样的反应，除了 K 先生的吻直接刺激了她的双唇外，还有另一个因素[①]。

杜拉在那个场景下出现的恶心感，虽然并没有演变成她歇斯底里症的表现形式，但却对她产生了潜在的影响，就算在治疗过程中也是如此。她一直都食欲不好，有些食物还会让她格外反胃。除了感到恶心，这个吻还导致杜拉出现了另一个错

① 杜拉对这个吻产生情绪并不是偶然，不然她也不可能会记得这个情景并能向我讲述。我碰巧认识 K 先生，因为他就是当时陪杜拉父亲来我处看病的那个人，他本人十分年轻且英俊。

觉——哪怕在治疗中，她说自己依然能感受到 K 先生抱住她时，给她上半身所带来的压迫感。我根据自己所掌握的症状形成规律，同时结合杜拉的个体特性——如果一个男人正在与女性热聊，她会排斥从他身边经过——我在心中重建了那个吻发生的场景。我推测，当时她感受到的不仅有 K 先生施加在她上半身的压迫感，可能还感受到了他下体的勃起。但这种感受让她过于恶心，所以她下意识地压抑了这部分记忆，于是，这感受开始转移，成了集中在她上半身的压迫感，而这种压迫感让她刺激自己的源头，有了更加强烈的抑制。在此，我们观察到杜拉的另一个“感觉置换”——从下半身转移到上半身[①]。而杜拉不愿意从男子身边经过，似乎正是源自她没被抑制的记忆：她不愿意经过一个处在性兴奋状态的男人身边，是因为害怕再一次看到他们那种恶心的身体反应。

值得一提的是，杜拉的这三种身体症状或行为——恶心、

---

①感觉置换并不仅仅能解释这种病症，且适用于多种情况。与杜拉的咨询结束之后，我又接触到另一个因为拥抱（没有亲吻）而产生恐惧的案例。该案例中一个跟未婚夫关系一直都非常好的女性，突然对他开始冷淡起来，并且伴有重度抑郁，所以到我处来接受治疗。这可以追溯到男性的勃起对她产生的惊吓，而且通过治疗，我了解到，这段记忆也被她有意识地压抑了。

上半身的压迫感、回避正与女子热聊的男性——都是由一个场景造成的。只有了解到这三种表现的相互关系，才能了解这些病症是怎么形成的。恶心，是源自杜拉对口唇区欲望的压抑，在后文中我们会了解到，她在儿时曾用过度吮吸、咀嚼和吞咽东西等习惯，来满足自己的欲望。而对于感受男性勃起的压抑，也同时抑制了她对自己性器官的感受，被压抑的性兴奋，一路转移到了上半身被 K 先生手臂造成的压迫感中。至于她躲避性兴奋状态的男人，则是她的防御机制在起作用，目的是不让压抑的感受重现。

为了验证我对于这些症状的解释是否正确，我谨慎地询问了她是否清楚男性身体性兴奋的特征。她当时给出了肯定的回答，但是涉及 K 先生吻她的那个场景时，她却否认自己知道这些特征。从治疗最初，我就没有告诉过杜拉任何性方面的知识。这不仅是基于我的良知，还因为我不想因为自己的假设而影响到分析的严谨性。除非她自己明显提到或者暗喻与性有关的名词或事件，否则我连这些概念都不会在她面前提起。而对这类事情，她的回答也非常坦率：我早就知道性爱方面的事。至于她从何处得知，却是一个谜，因为她自称并不记得是从什么渠道了解到的两性之事。

假设K先生的那一吻真的如我所料，那么我便可以推论出杜拉恶心感的由来。首先，恶心是由排泄物所产生的气味和视觉感受所引起的，而生殖器官会让人联想到排泄。尤其是男性的生殖器，既具备排尿功能，也具备性功能，当然，人们首先熟知的一定是其排尿功能，这也是它在发挥性功能之前的唯一作用。基于此，恶心自然变成了性生活中表达情感的一种方式。早期的教父们曾说“人类于屎尿中诞生”，无论再怎么加以美化，都不能改变它意味着性生活的事实。然而我想强调的是，单单指出这两者之间的联系，并不能解决任何实质性的问题。生殖器的确可以让人联想到排泄物，但这种联想却不是必然被唤起的，就好像当你想到苹果的时候，可能会想到梨，但这种联想不是一定发生的[①]。

---

①关于男性勃起和性方面的问题，能够解释大部分的歇斯底里症成因，女性天生对男性的性器官会特别在意，如果这种兴趣被压抑，就会形成回避型人格和社交恐惧症。性与排泄物之间的联系是解释大部分歇斯底里症成因的关键。

父亲的情人

我发现，让杜拉正视自己与K先生之间的关系并不容易。她宣称自己与K先生已经结束了，她所有最表层或者说最容易获取的记忆，都与自己的父亲有关。她完全不能原谅父亲与K夫妇还保持着联系，特别是K夫人，而且，她对这些关系的看法与她父亲大相径庭。杜拉认为，她父亲对年轻漂亮的K夫人心存爱慕，甚至说他们是情侣也不为过。父亲与K夫人之间的种种迹象，都被杜拉默默看在眼里，她在这方面的观察相当细致，而且记忆清晰。早在父亲患病前，他们一家就与K夫妇相识了，但在K夫人开始照顾父亲后，两家的关系才变得亲近。那时，母亲不愿意承担照顾父亲的责任，倒是K夫人整天守在病床前。在父亲痊愈后的第一个夏天，发生了一件事，让所有人看清了父亲与K夫人的真实关系。

当时，两家人共享酒店的一个套间。一天，K夫人说她不愿再和孩子同寝一室，而几天之后，杜拉的父亲也离开了之前的房间，搬到了K夫人的对面。他们两人的房间位于走廊尽头，中间只隔着一个过道，这为他俩的相处提供了绝佳的庇护。在那之后，每次杜拉在父亲面前抱怨K夫人时，父亲总会训斥她，还提醒杜拉必须感谢K夫人对他们家的照顾。杜拉询问母亲，为什么父亲如此维护K夫人，母亲告诉她，父亲在生病时心情极度沮丧，曾下决心要在森林中自杀，是K夫人发现了苗头，并跟踪父亲到了森林里，还声泪俱下地劝他为了家里人也要活下来。当然，杜拉是不相信这个故事的，她认为这完全是父亲为了掩饰他与K夫人在森林私会而编造出的谎言[①]。

他们回到B镇后，她父亲每天都会在K先生上班后去看望K夫人。镇上的人们对此议论纷纷，偶尔还会向杜拉打听。K先生也常向杜拉的母亲表达不满，但却从不会向杜拉提及，杜拉则把这作为了K先生情感细腻的证据。而每当两家人出去散步时，杜拉的父亲和K夫人总能找到让两人独处的理由。而且杜拉坚信，父亲一定给了K夫人很多钱，因为就凭K夫妇两人的收入，是绝对不可能支撑K夫人昂贵的开销的。父亲还经常为K夫人准备精致的礼物，而且为了掩人耳目，他对杜拉母女

① 这跟她之前的自杀倾向有一定的联系，可以看作是她渴求被爱的一种表现形式。

俩也越发慷慨起来。在父亲的帮助下，曾经因为神经系统功能障碍而无法行走的 K 夫人，现在竟然变成了一个健康并活力四射的女性。

甚至，在杜拉一家人搬离 B 镇后，两人还保持着紧密的联系。她的父亲总说新家的气候太恶劣，并伴随着牢骚与咳嗽。父亲说他必须为自己的健康着想，所以自己搬回了 B 镇。从那以后，父亲的每封来信都充满喜悦，他所有的病痛，无非都是为了想见 K 夫人而找的借口。后来，杜拉一家人突然又搬到了维也纳，杜拉总觉得这件事情并不那么简单。果然，他们到维也纳还不到三周，她就听说 K 夫妇也搬到了这里。她告诉我，在他们一家人住在维也纳期间，她经常看见父亲和 K 夫人一起逛街。她也常常碰见 K 先生，K 先生总会转过头看着她。有一次，K 先生看见她独自走在路上，打着关心她的幌子跟踪并盘问了她很久。

两个男人的阴谋：把杜拉当作交换的“筹码”

在杜拉接受治疗期间，她的父亲又一次声称身体不适，要回 B 镇待上几周；与此同时，K 夫人也说自己要回老家看望亲戚，找借口离开了维也纳。正是这一次，杜拉对她父亲的意见达到了顶点，她觉得父亲太虚伪了，只顾着自己高兴，全然不顾他人的感受。

我无法反驳杜拉对她父亲的评价，况且从某种意义上，这种批评是有根据的。每当杜拉感到苦闷时，心里总会冒出一个念头——自己是父亲的一个工具，父亲故意把她交给 K 先生，用来补偿自己给对方的伤害。每当杜拉出现这样的想法，就会对父亲产生极度的愤怒，只不过，她不可能将这愤怒公然表达出来。有时候，她还会因为自己的这个念头而自责，因为不管是 K 先生还是父亲，从未提过把她当成交易筹码这件事，她知道如果父亲听到这种质疑，一定会暴跳如雷，她甚至都可以想到父亲会做出怎样的回答。杜拉的父亲是一个处世圆滑、擅于自圆其说的人，如果有人告诉他，一个少女总和一个婚姻不和睦的男人独处是很危险的，他一定会这么反驳对方：我相信自己的女儿，而且像 K 先生这样的人，永远也不会做出伤害杜拉的事情。他或者还会强调杜拉只是个孩子，K 先生是在像对待孩子一样对待她。但事实上，这两个男人从不会推测对方行为的真实想法，因为这会让他们暴露出自己内心的企图，引发难堪。在B镇时，K先生每天都给杜拉送花，还会抓住一切机会送她礼物，并利用自己所有的闲暇时间陪伴她，这种种行为都是爱意的表现，但当时，杜拉的父母却假装对此全然不知。

在精神治疗的过程中，当患者提出了治疗师不能解决的问题时，治疗师难免会感到尴尬与窘迫。如果治疗师的这些情绪被患者捕捉到了，他们有时还会展开进一步的攻击："我说的都是事实，对吧？你又能改变什么呢？"显然，患者是在利用这种防御机制，避免治疗师进入他们的内心，从而也就无法深入分析他们心中不为人知的想法，而依靠这种防御机制，这些想法也无法进入患者的意识层面。患者对于他人的攻击，实质上是一种自我谴责。而治疗师需要做的，就是将这些质疑全部抛回给患者。这种"为了不自责而将所有批评指向别人"的防御机制，来自我们自幼形成的处事方式。这就好比两个小孩子吵架时，经常会说"你也是"一样，比如一个小孩被指责说谎，那么他一定会毫不犹豫地回击道"你也是骗子"。而成年人在面对指责时，会寻找对方的弱点，来防止他人再提自己的痛处。在偏执妄想症患者身上，这种防御机制的表现形式则是儿童式的，我们可以看到，他们会不经任何思考或转换，将遭到的批评直接投射到别人身上。

在咨询中，我发现杜拉对父亲的不满同样基于她的自责。她认为，父亲不愿意深入分析 K 先生行为后的动机，是害怕暴露他跟 K 夫人的私情。她的想法并没错，但说起来，她自己却也是这桩私情的帮凶。她一直试图忽视所有可以引向交易真相的线索，直到那次 K 先生湖边示爱后，她才意识到整件事情的脉络，从而要求父亲与 K 家断绝联系。而在这之前，她不断给予她父亲跟 K 夫人单独相处的机会，如果她知道父亲正在 K 夫人家里，那么她绝不会前去拜访；而如果她知道 K 家的孩子被故意赶到户外，则会主动去陪他们玩耍、散步。其实，很早就有人提醒过杜拉，她父亲跟 K 夫人的关系很不一般，她应该做点什么。而这个人就是杜拉的最后一任家庭教师——一位学识渊博的未婚中年女性[①]。很长时间以来，杜拉都与她十分要好，但有一天，杜拉突然对她充满敌意，并且执意要辞退她，原因在于女教师挑起了杜拉对 K 夫人的敌意，并引导她察觉到他们偷情的所有线索。女教师还告诉杜拉的母亲，容忍丈夫和另一个女人如此暧昧，实在是件没尊严的事，但女教师的提醒却没

①这位家庭教师经常阅读有关性文学的书籍，而且还会和杜拉一起讨论。她也直白地嘱咐杜拉不要将这件事情告诉她的父母，因为她不知道别人会怎样看待她。所以我有时会怀疑，杜拉所知道的两性之间的知识都是她教授的。

起到效果。杜拉仍然尊敬K夫人，排斥任何讨论父亲与K夫人关系的言论。另一方面，杜拉还揣测着女教师如此挑拨的动机。尽管她对父亲与K夫人之间的奸情懵然无知，但却敏锐地发现了女教师对父亲的爱意。因为每当杜拉父亲在场时，这位家庭教师就仿佛变了一个人——活泼有趣，而乐于助人。在杜拉一家搬到父亲公司所在的城市后，由于没了K夫人，女教师又把矛头指向了杜拉的母亲。但就算此时，杜拉仍没有厌恶她，直到杜拉发现女教师并非真正关心自己，只是在父亲面前装样子罢了，杜拉的怒火才爆发出来。一个证据就是，只要父亲离开家，家庭教师便不再理睬杜拉，既不陪她散步，也不再关心她的学业，等到父亲回来，女教师便又开始向杜拉百般殷勤，所以，杜拉最后决意辞退女教师。

暗恋与病痛

可怜的家庭教师是杜拉心中最鄙夷的人，但同时也影响了杜拉的处世方式。就像家庭教师照顾杜拉一样，杜拉也无微不至地照顾着K夫妇的孩子。在那两个孩子心中，杜拉陪他们玩要散步，辅导他们学习，已经完全取代了对他们漠不关心的亲生母亲。K 先生和妻子经常吵着要离婚，但也只是嘴上说说，因为 K 先生是个重感情的人，况且他无法舍弃孩子们。K 先生与杜拉对孩子们的共同关心，成了他二人联系的纽带。但就像杜拉的家庭教师一样，杜拉对孩子们的关心，也只是个掩护，这样她才不会暴露自己内心深处的秘密，那些秘密甚至连她自己都还没意识到。

如果将女教师对杜拉的影响、杜拉对待 K 家孩子的态度，以及她对于父亲与 K 夫人之间关系的纵容都作为参考，我们可以推断出一个结论——杜拉正深爱着 K 先生。但我将这个结论告诉她时，她却并不认同。她还说，她的表妹曾住过 B 镇，并且询问过她："为什么你会热衷于跟 K 先生在一起？"杜拉表示自己没有过这类念头。但后来，随着心理治疗的进行，越来越多的证据让她无法否认自己对 K 先生的感情，最终，她承认自己在 B 镇时可能爱着 K 先生，但随即称这份感情在湖畔事件[①]后就已经消失殆尽了。无论如何分析，杜拉之所以责备父亲置她于不顾、只考虑自己和 K 夫人的感受，本质上是出于她

---

① 参考第二个梦境解析。

对自己喜欢上 K 先生这件事的一种自责[①]。

除了不满父亲的不负责任外，杜拉也非常不屑父亲利用病痛来满足私欲。不过她的这项指控，同样源于一个自己深藏的秘密。一天，她向我抱怨出现了一个新症状——胃痛，我一阵见血地问：“这个症状你是从哪里学来的？”她告诉我，几天前她拜访了已故姑妈的女儿们，也就是她的表姐妹。表妹已经订婚，而这个消息让表姐患上了严重的胃痛，必须到疗养院[②]治疗才行。杜拉清楚，这场病完全来自于表姐的嫉妒之心，每次表姐想要达成某种目的时，就会生病，现在，她应该是不愿看到妹妹幸福，所以将生病作为离家的理由[③]。杜拉的胃痛让我发现，她对自己的表姐其实有着极强的认同感。杜拉承认，这份认同感可能来自于自己对堂妹的嫉妒；或者是因为和表姐一样也有过一段不太愉快的感情经历，所以同病相怜[④]。另外，K 夫人也亲身示范了生病带来的好处：K 先生常出门旅游，当他

---

① 那么问题就出现了：如果杜拉爱过K先生，那她为什么在湖边的时候会拒绝他？为什么会那么粗鲁地拒绝 K 先生，而且做出对此事耿耿于怀的姿态？当被喜欢的男子表白，且男子表白的方式也并不失礼貌时，杜拉为什么会感到屈辱呢？

② 位于山中的一个疗养院，距离维也纳 50 公里左右。

③ 这种情节每天都会在这两姐妹间上演。

④ 我在之后会解释关于胃痛产生的种种原因。

回家时，之前明明还健康的K夫人却总会突然生病。杜拉意识到，是丈夫的出现引发了妻子生病，而妻子也乐得因为生病免于履行人妻的义务。治疗进行到这里，杜拉突然向我坦诚了一件事：他们一家人刚刚搬到B镇时，她的健康状况也时好时坏。这让我怀疑她的健康状况也与其他事情有关，就如K夫人一样。这是一个精神分析原则，越是两件事情的内在联系还未被发现时，它们越是容易在同一时间发生；例如“a”事件跟“b”事件是有联系的，我们总会看到“ab”紧挨着发生，a跟b在此都指代事件。杜拉曾经咳嗽得非常厉害，有时甚至会失音，这会不会与K先生的行踪有关？如果两件事真有联系，我们一定能发现其中关窍。我问过杜拉，她咳嗽的时间大概会持续多久。“大概三到六周吧。”“那么K先生一般离开多久呢？”“也应该是三到六周左右。”由此可以得出结论——K夫人的病症传达出对K先生的厌恶，而杜拉则恰恰相反，在K先生离开的时候，杜拉才会开始咳嗽；而当他回到B镇时，她的咳嗽便不治而愈。尤其是杜拉发病的初期，更是能印证这个推测。但后来，杜拉在潜意识里拒绝承认自己喜欢K先生，更不愿意让他与自己的病症产生联系，于是，咳嗽成了她长久的困扰，并且，发病不再与K先生的离开同步，基于此，她的发病初期才具有分析的意义。

记得很多年前，我还在夏科诊所工作的时候，我曾经看到有患者因为歇斯底里症而失音，虽然只能以写代说，但他们却比别人写得更加流利，更加感情洋溢。杜拉也有类似情况，在她因咳嗽而失音的前几天，会感到在文字交流上格外流畅自如，但这更多是对她生理功能的替代，不必偏要套用心理学理论解释。不过，这不代表杜拉的表现就不存在心理学原因。K先生在外出旅游的时候，总会给杜拉寄明信片与长信，她也是唯一一个知道他归期的人。一个人想要跟不在身边的朋友交流，只能通过写信，这和失音患者只能用书写表达自己的想法是一样的。所以，可以这样解释杜拉的失音症：当她爱的男人离开时，她便放弃了语言功能，因为如果不能与他说话，语言便丧失了意义。另一方面，书信作为能与他保持联系的唯一方式，变得重要起来。

当然，我们不能通过一两个病例就妄下定论，称所有因歇斯底里症失音的患者都有个时常外出的爱人。造成杜拉歇斯底里症的原因是复杂的，这一个循环模式不足以成为病因。但是，如果这并不能解释为什么患病，分析她失音的原因是否毫无意义？难道只是为了玩一场文字游戏？答案自然是否定的。在了解到她失音与其他事件的联系后，下面这些问题变得无法回避：杜拉的症状是单纯地出于心理原因，还是身体确实存在问题？如果是前者，是否能证明所有症状都是心理因素导致的？如同很多悬而未决的问题一样，这些问题也尚未找到明确的答案。我认为，每一种歇斯底里症都存在心理和生理两方面原因。身体器官的变化甚至病变是症状的基础，而心理因素则使得症状一再出现，如此才形成了歇斯底里症反复发作的特性。虽然症状并不是心理因素直接导致的，但是被压抑的欲望确实会通过病症表现出来，而且千差万别，毕竟对不同的个体来说，心中的秘密也不尽相同。虽然症状不止千万种，但在某些因素的作用下，一些表现形式却可以变得典型。就心理治疗而言，最重要的是挖掘症状背后的心理因素。如果我们能成功发现患者心理压抑的原因，有些症状便会自然地减轻了。如果依靠精神分析已经解决了患者的心理压抑，我们就需要找到其身体和器官上出现的问题。因此，针对杜拉的案例，仅仅分析她咳嗽和失音背后存在的心理因素远远不够，我们还需要考虑到她的身体因素。如果在本案例中，症状的表现形式与心理因素之间的联系真的密不可分，那么我们可以期待，在其他案例中也能发现类似的关系。

从心理学角度分析歇斯底里症的成因，我认为结论并不是“神经元错乱”或“催眠状态”，而应该是“心理—身体表现”。很多人并不认同我的结论，对于种种质疑，我想说的是，我的结论，可以大幅度地简化歇斯底里症的成因和表现形式等问题，我们再也无须将歇斯底里症当成一个整体去处理，只需要处理它不同于其他心理疾病的那些特征。虽然我们已经研究了很长时间的心理学，但是在“心理—身体”这个观点提出以前，没有人就潜意识对人造成的影响进行过解释。如果没有这个结论，我们还会被歇斯底里症的表现形式和病因迷惑住，误认为它只是一种恐惧症或强迫症，简言之，我们还会将歇斯底里症与普通心理疾病混为一谈。

生病的真正动因

下面，我将继续探讨杜拉对她父亲装病的看法。杜拉责备父亲通过装病来满足私欲，但这其实也是她的一种自责，因为杜拉也正利用自己时好时坏的身体，来隐藏心中的秘密。这时，心理咨询师就需要根据患者提供的信息，推敲并补全事情的真相。我必须向杜拉指出，她现在健康的症结与K夫人生病的原因如出一辙。杜拉在分析K夫人的病因时洞若观火，但她却没发现自己的病和K夫人并无二致，都是为了某种目的才出现的。为了让父亲与K夫人断绝联系，她曾经尝试威胁父亲（那封遗书），或者唤起父亲的怜悯（多次昏厥），但均以失败告终。不过，杜拉知道父亲是深爱自己的，每次在谈论到她的疾病时，父亲都会难过落泪，所以，虽然她的行为没能达成目的，却也成了对父亲的一种惩罚。如果父亲能告诉她，他决定为了杜拉的健康而与K夫人断绝联系，我确信杜拉的病情将会立刻好转。但我却不希望他真的这样做，因为这样无疑会让杜拉认为自己的病是一件强大的武器，今后只要自己生病，所有问题都可迎刃而解。不过，她的父亲如果无动于衷，杜拉的病情也会因此持续下去。

对于以上结论，我不想再占用过多篇幅解释，重心应该放在分析患病动机对歇斯底里症的影响上。“患病动机”与“致病潜在因素”是两个完全不同的概念，后者是形成患者病征的关键，而患病动机则与病征完全无关。我们无法在疾病初期看到患病动机，它疾病的附属品，在疾病完全形成后才会出现[①]。在所有案例中，都是在疾病出现且持续很久之后，我们才能发现患病动机。最开始出现病症时，人们会用尽全力与它对抗，因此它会随时间流逝而消失。最初发现患病的时候，患者也不会意识到疾病带给自己的好处，但不久后，患者就会在潜意识中利用疾病来达成目的。当心中隐藏的欲望能通过疾病得到表达时，人们自然会对这种方式欣然接受。也正因此，医生在帮助患者治愈疾病时，会感到患者的强烈阻抗，因为患者认为自己表达情绪的通道遭到了破坏[②]。举个例子来说，有个瓦匠因为

---

① 注于1923年：这个结论是完全错误的，在之后的章节中，读者会发现患病动机在疾病发生之前就已经出现，不仅如此，患病动机还对疾病的发生有一定促进作用。在之后的研究中，我发现患病动机总是来自患者的欲望，而疾病本身可以带给患者两种不同的利益：初级利益和次级利益。在之后的分析中，读者会了解到杜拉的疾病带给她的次级利益。但初级利益的重要性也不容忽视，首先，当人们内心产生冲突时，生病是表达自己不满或者愿望的最简单形式。虽然很多时候，这种形式并不能达到预期的目的，所以才会在之后再以其他形式表现出来，但初级利益是一直存在于人们心中的一种渴求或者欲望。除了初级利益以外，还有其他的因素也可能导致患者产生心理问题（例如在前文中讲到K夫人与丈夫之间的关系），这便是导致心理疾病的外因。

② 阿瑟·施尼茨勒曾经在《帕拉塞尔苏斯》中对这个观点进行了非常详尽的描述。

在工作时从房顶上摔下来，不得不拖着残疾的腿在街边行乞，这时，一个魔法师走过来承诺能治好他的腿，让他重新正常行走，他会做何反应？虽然在他从房顶摔下来那一刻，他心中万念俱灰，觉得自己丧失了工作能力，只能依靠人们的救济而活。但那以后，他的残疾却也成了他的经济来源，残疾的身体为他赚足了同情。这时候，如果他的腿一夜之间恢复如初，他未必会开心，他很可能已经失去了对工作的兴趣，忘记了自己的手艺，甚至已经懒惰成性，并终日与酒为伴。

在一个人的幼年时期，患病动机很可能就已经形成了，比如一个小女孩不愿意和兄弟姐妹分享父母的爱，一次，她发现自己生病时能得到父母的格外照顾，由此，她找到了吸引父母注意的手段。在这之后，她会利用可以让自己生病的机会，抓住父母的爱。当小女孩长大后，她会期待丈夫如同父母一样爱她、尊重她。但是如果丈夫不善解人意，常违背她的意愿，逼迫她忙于家务，甚至还不舍得为她倾注金钱与爱，那么，生病就会成了她维持家庭地位的王牌武器。因为只有在她生病时，丈夫才会关心爱护她，生病由此变成了她达到目的的手段。康复之后，如果丈夫又恢复了冷漠的态度，那么她也很快会旧病复发。任何医生都会认为，她的确患上了某种疾病，而且她身体不佳的状况人们有目共睹。有了这些客观因素，她可以逃脱自己良心的责怪，并坚信用装病来博取别人的同情与关心，并没什么不对。

这类疾病是意识的产物，因某个特定人的出现而发作，又会因其离开而消失。从某种意义上说，人们对歇斯底里症特点的概括是有道理的。你或许也从某个文化不高的亲戚、或专业不精的护士那里听过这样的故事：一个瘫痪多年的女人，在家里失火时从床上一跃而起；一个被宠坏的太太，在孩子遇到危险或家庭遇到危机时，却能勇敢地站出来扛起重担。这样对于歇斯底里症患者的描述，虽然算不上错误，但是有一点绝对不能忽视：这种情况只在未成年患者身上成立，对成年人则行不通，因为它忽略了意识与潜意识之间的区别。这也解释了为什么想让成年患者明白“病能不能痊愈，完全取决于自己的意愿”这个观点，是如此困难，同时，也解释了为什么鼓励或责备都难以让患者的病情好转。所以，想要帮助歇斯底里症患者，首先要让他们意识到，他们的疾病完全是由自己的主观意愿造成的。

无论是在心理治疗、精神分析或是任何治疗中，消除患者想要生病的主观意愿，是歇斯底里症治疗中最困难的部分。或许，只有火灾或者孩子遇险这样的突发事件，才能让患者忽略自己的病征，进而消除患病的动机。**我相信，如果患者都能够敞开心扉，心理咨询师将有机会治愈更多人**。然而，现实中歇斯底里患者痊愈的原因，却主要是因为：第一，事情已然过去很久，他们的患病动机自己消除了；第二，对于那个造成自己患病的人，他们不再关注；第三，虽然他们会因为外界因素而患上痼疾，但也会因为一次突发事件而消除掉患病动机，如此就有了奇迹般地痊愈。

患病动机存在于所有歇斯底里症的患者身上。这种动机可能由纯粹的内在因素（如自我惩罚、自我责备或悔恨）或外在因素（与其他人或事物的关系）引起。一般而言，前者的治疗更为简单，效果也更加显著。而在杜拉的案例中，她的患病动机属于后者，她想通过自己的病来打动父亲的心，从而让父亲下决心离开 K 夫人。

奇怪的咳嗽与吮吸手指的习惯

在父亲所做的所有事中，最让杜拉难过与气愤的，就是父亲认为湖畔事件完全是杜拉臆想出来的。然而这也正是我的困惑所在，我一直不明白，为什么杜拉会对父亲冤枉她这件事反应如此剧烈。我猜测，她对这件事的真相应该还有隐瞒，或是潜意识里还隐藏着自责。我甚至有些怀疑这件事的真实性，因为即使被人冤枉误解，常人也不会怀恨如此之久。但另一方面，杜拉的故事从各个方面都印证了我的猜测。在发现 K 先生的企图时，她甚至没让他把话说完，就狠狠地扇了他一耳光跑开了。K 先生肯定也和我们一样，对杜拉的行为疑惑不解，因为在他们之前的交往中，他无疑已经从诸多细节中捕捉到了杜拉的爱意。关于这件事情的真相，我们会在后文讨论第二个梦境时揭晓，同时，也会探讨她潜意识里的自责。

鉴于杜拉一直抱怨自己的父亲，并且在此期间咳嗽未见好转，我怀疑她的症状可能与父亲也有关系。但到现在为止，我对杜拉的歇斯底里症分析还仅是皮毛。根据我多年执医的经验，几乎所有的病症都代表着患者内心深处的性幻想，或者说，至少有一种病因是与性幻想有关的。我不敢贸然说这个结论适用于一切患者，但不可否认的是，我经手的大部分患者身上都有这个共同点。任何从事精神分析工作的人都会知道，一个疾病的病因并不仅仅是一种潜意识作祟的结果，更是包含了多种潜意识里的心理冲突。就我个人看法而言，如果仅仅存在一种潜意识或者性幻想，是绝对不会使患者出现任何症状的。

杜拉很快就给了我一个机会，让我能够从潜意识性幻想方向入手分析她的咳嗽。她一直强调，K 夫人跟她父亲在一起是因为父亲是一个“有钱人”(ein vermögender mann)。她说这句话的方式与态度让我觉得这背后隐藏了其他含义，而且这含义必定与“ein unvermögender mann”恰恰相反。如果将这句德语从性方面来理解，可以解读为：杜拉认为自己的父亲在性上不是一个富有的男人，即，是一个性无能的男人。在治疗中，杜拉也向我坦诚她确实存在这样的想法，但我发现了她陈述中的矛盾之处。杜拉一直认为 K 夫人与父亲有染，另一方面，她又觉得父亲是性无能，那么他们又该如何保持那种关系呢？杜拉对我的质疑毫不在意，直言连她都知道很多获得性满足的其他方法，更何况他们(她在性方面知识的来源，我依然无迹可寻)。于是我追问她，她所谓的其他方法，是不是使用性器官以外的其他器官来进行性交，她给了我肯定的回答。我顺着她的结论推测，她所想到的其他器官，是否就是她的病症表现(喉咙与口腔)。当然，想要让她自我剖析到如此地步，是很困难的，而且她之所以会出现病症，就是为了抑制这个念头从自己的潜意识转化到意识层面。不过，我却由此得出了明确的结论：她每次喉咙发痒并断断续续地咳嗽时，脑中都充满了她父亲与K夫人口交的场面。对于我的这个解释，她默认了，并且此后没过多久，咳嗽症状便消失了，这也从侧面印证了我的推测。但我并不希望过分强调这个推测，因为她的咳嗽本身也会自己消失。

上文这段简短的分析，或许会让一些医学界人士感到惊愕和恐惧。不妨让我们对这两种态度做一番探究，分析它们是否合理。他们的惊愕，很可能是因为我竟然大胆地与一位少女讨论如此私密的话题，在他们看来，只要是与一个可以进行性生活的女性讨论这些话题，就必然是件尴尬事。而他们的恐惧则来自杜拉，他们不相信一个未经人事的少女居然了解如此多的性知识，而且脑子里充满了这些念头。在此，我想劝这些人冷静下来，用理智重新去考量这件事。事实上，这两件事情都不至于挑起愤慨，一个男性如果能做到以下两点，那么他就完全可以与任何少女或妇女探讨性方面的事情，却不对她们造成伤害，并避免别人对他产生误解：第一，他们的讨论必须使用适当的方式；第二，他需要让女性们明白，他们不得不探讨这个话题，这和妇科医生必定需要观察患者私处是一个道理。社会舆论对与性有关的话题一向敏感，人们提到这类话题时，也常会觉得带有淫乱的气息，为了避免患者产生这样的错觉，最好的办法是与其直截了当地进行探讨。在咨询过程中，我会使用性器官和性交过程的学术名称，如果有患者不了解这些名词，我也会直言不讳地向他们解释。我知道，业内外都不乏有人对我的做法表示反感，在他们冥顽不化的观念中，这样的谈话会让我或患者产生快感。鉴于我对这些质疑者的观念和品行太过了解，所以我不会被他们激怒，更不会写文章讥讽他们。但我想告诉大家一个事实：很多患者一开始并不愿意跟我探讨性，但他们在治疗最后却会告诉我："为什么我觉得跟你聊天，比跟X医生聊天更舒服呢？"

任何一个心理咨询师，只要是想通过精神分析来治疗歇斯底里症，就都不可避免地会在治疗中与患者讨论有关性的话题，所以，对此我们必须抱着"不入虎穴，焉得虎子"的态度。对于患者来说，让他们在治疗中袒露自己对性话题的看法，并不是困难的事，因为心理治疗是他们唯一倾诉的途径。而作为咨询师，在与患者讨论性话题时，则完全不需要感到内疚。我们已经很清楚，潜意识才是人们形成心理疾病最重要原因；而在歇斯底里症的成因中，潜意识的影响力远远大于有意识的思维，当进行性话题的探讨时，我们只需要一点小技巧，就能让患者潜意识深处的想法浮现到意识层面，由此达到最佳的治疗效果。对于一个内心绝对纯洁的孩子来说，讨论性并不会造成荼毒。而对于歇斯底里症患者而言，如果他们心中不存在性方面的潜意识，根本就不可能患上歇斯底里症。换言之，一个人无论是10岁、12岁还是14岁，无论是男是女，只要患有歇斯底里症，那么其心灵就绝对不像别人宣称的那么“纯洁”。

至于人们产生的第二种情绪——恐惧，则是针对患者的，并非针对我。他们接受了我对她病因的假设，并对她心中出现的变态性幻想感到恐惧。在此，我必须提醒大家，无论是心理咨询师还是其他任何医师，一条基本原则就是：不评价患者任何的所作所为和所思所想。在我看来，在完成一份病例报告时，医师用大量篇幅表达自己的厌恶之情实属多余之举。当面对一个改变不了的事实时，我们需要撇开自己的感受，慢慢接受它。我们必须心平气和地讨论变态性幻想的话题，例如一些人的性高潮可以靠刺激性器官而获得，但同时也可以靠刺激其他器官而达到。人类社会对于“正常性爱”并没有一个准确的定义，并且随着文化和时代背景的改变，其定义必然会随之改变。正如在很多人心中，断袖之癖是最无法接受的变态性行为，但我们的祖先（古希腊人）对此不仅欣然接受，还认为其有种重要的社会价值。每个人的性成长史中，多少都会走些弯路，由此形成一些不太正常的癖好。这种变态性幻想并不是兽欲的表现或人类退步的象征，它只是一粒埋藏在儿童心中尚未分化的种子，这粒种子可以被抑制，但也可以被升华，最终长成一枝不以性为最终目标的花，为人类文明的发展和延续做出贡献。所以，与其说某个人变成了令人恶心的变态，不如说他是保持了原始的本貌，因为他的表现，恰好展示了人们被压抑住的心理。所有的心理疾病，都是因为患者心中的变态想法被压抑在了潜意识中，不能得以释放而造成的。虽然这些患者或许并没看过克拉夫特—埃宾所著的《性心理病态》，但这书中所描述的变态心理，却与他们潜意识中的幻想不谋而合。根据这书的观点，心思纯洁的人成为变态的是概率反而更高，精神疾病不过是变态的表现形式之一。之所以会形成变态性心理，除了遗传因素外，外界刺激也会加速性心理的发展，使人在这方面出现偏差。这就好像溪流在碰撞礁石后，飞溅的水花会改变方向，变成流回干枯河床的水。对于歇斯底里症患者而言，患病动机不仅仅来自被抑制的、正常的性幻想，也来自他们潜意识里的异常想法[①]。

除了专门撰写性变态案例的专家外，整个人类社会对性变态的包容度其实是很大的。或者说，那些医者其实在思考性的时候也是很包容的，只不过在提笔之时，会刻意凸显这类群体或想法的不同。说起来，当了解到口交可以达到性高潮后，杜拉——这位 19 岁的歇斯底里症少女——便在自己的潜意识中形成了性幻想，正是这种性幻想导致了她的咳嗽与失音。杜拉的性幻想是基于她了解了这方面性知识，于是被激发出来，但我接触过的其他患者中，有些人没有相关知识，却也能形成类似的性幻想。不过，不得不提的是，在杜拉的案例中，她的病症与她幼年的习惯密不可分。杜拉清楚地记得，她小时候特别喜欢吮吸大拇指，她父亲也证实杜拉直到四五岁时，还没完全改掉这个坏习惯。有一幕让杜拉一直记忆犹新，小时候她和哥哥一起坐在房间的角落里，她一边吮吸着自己的左手大拇指，一边用右手拽着哥哥的耳垂。这个场景完美展示了婴儿口欲期的状态——在这个时期里，他们总是通过吮吸来获得自我满足

---

① 在布洛赫《奇异性行为的人类学研究》出版之前，关于异常性心理的记录就已经出现了，大家也可以参考我今年（1905年）出版的《性学三论》。

和快感，而类似的场景，也出现在了很多的歇斯底里症和其他精神疾病患者的描述中。一位始终未能戒掉吮吸习惯的患者向我讲述了一件事，让我追寻到了这种怪癖的来源。她清楚地记得，自己大约一岁半时，会一边吮吸奶妈的乳头，一边有节奏地拉扯她的耳垂。我想没有人会否认，口腔黏膜区是人类最初的性欲带，因为表达爱欲最常见的方式就是接吻，而接吻必然离不开口腔。所以，未成年时对嘴唇和口腔部分的刺激，会决定成年后口腔黏膜区的敏感性，特别是在第二性征发育成熟之后，这一区域的性欲会得到进一步激发。因此，我们可以得出结论：在幼年时期，儿童为了满足欲望而吮吸乳头或手指，等到性发育成熟后，乳头和手指被生殖器官取代，而这也是口交产生的根源。可以说，这种让很多人厌恶且略显变态的性爱方式，有着最纯真无邪的源头，来自一个婴儿吮吸妈妈或乳母的乳头而已。在通常情况下，奶牛的乳房最容易让人联想出一种介于阴茎与乳房之间的形象。

有些读者在看过我对杜拉咳嗽和失音的分析后，或许会提出新的困惑，他们会想知道杜拉的性幻想如何与其他病因做到同时存在。我们之前提到过，因为杜拉所爱的 K 先生会不时离开，所以她的病情时好时坏。与 K 夫人的表现恰恰相反，杜拉认为，如果自己是K先生的夫人，一定会在他离开时相思成疾，在他回来时开心痊愈；这也正是她病情反复发作的原因。不过有一点需要澄清，那就是根据我治疗这类患者的经验，他们的病因并不需要统一为一个整体，只要每个病因都能与患者潜意识里的某些压抑想法相对应，就已经足够了。就杜拉这个案例而言，一个病因（口交性幻想）更适合解释她的咳嗽，而另一个病因（K先生的离开）则更适用于解释她的失音与病症的反复发作。如果我们更深入地分析，还可以揭示出更多产生病因的心理活动和潜意识思想。截至目前，我们已经了解到：一个症状可能同时对应多个病因，同时，这些症状也能够分别传达出不同的含义。如果一个病症已经出现了很多年，那么它的病因很可能随着时间的推移而变化，疾病所传达的含义也有可能随之改变。这与神经质人群有着异曲同工之处，他们都是在形成了某个病症后，无论造成这种病症的想法是否还存在，病症也依然会一直保留下去。实际上，一个人想通过疾病的形式宣泄自己潜意识中被压抑的思想，注定会难以如意，于是，这些疾病便自然具备了“固着性”的特点。想把内心压抑的想法转化为身体上的表现，需要很多前提，通常情况下，身体并不会直接配合心理，所以，思想会寻找各种方法释放内在的冲动。不过，新想法出现之后，却不会激发出新病症，新想法会与之前的旧想法产生联系，毕竟建立这种联系比让身体创造出一个新病症要简单得多。新冲动和新想法——无论是来自于生活，还是新的刺激——当它们与旧的、被压抑的想法建立联系时，便会通过同一种病症达到宣泄的目的，换言之就是“换汤不换药”或“新酒入旧瓶”。

根据以上分析，我们会发现在歇斯底里症的患者中，比起潜意识思想来说，病症表现是更为稳定、更难被替代的因素，因为思想是有可能会随时变化的。但是我们也不能由此妄下结论，认为分析身体因素一定就比分析心理因素更重要，因为站在心理咨询的角度，分析心理因素所产生的意义，一定是大于身体表现的。

杜拉的恋父情结

对于父亲和 K 夫人的关系，杜拉一直耿耿于怀，而且在治疗中不断提起，所以，我认为有必要对此现象做更深层次的分析。

杜拉头脑中的这种强迫性思维，是一种夸大，用韦尼克的话来说，这是种被强化的意念。强迫性思维本身就是带有病理性特征。对于非强迫性思维（这占了人们思考的大多数）来说，基本可以通过控制自己的意念使其消除。但是对于强迫性思维来说，人们很难让想法消除。杜拉同意以一个特殊的角度分析自己对父亲的看法，并且她一直抱怨“我脑子里整天都在想着这件事”、“我哥哥跟我说过，孩子不应该插手大人间的事，我们不该为了他们的事情自寻烦恼，或许还应该为他高兴，因为他找到了一个理解他、并且两情相悦的女人。这些道理我都懂，我知道这样的想法才是对的，但我就是不能原谅他”[①]。

由此可以设想一下，当一个人产生了强迫性思维，并且清楚地意识到自己对这想法无能为力的时候，应该怎么办？通过自我反省，人们发现潜意识对于强迫性思维具有强化作用。而强迫性思维之所以不能被轻易消除，正是因为它的基础是被潜意识压抑住的欲望与想法，可以说，它的存在就是为了隐藏住某种潜意识思想。一般来说，两种对立的思想往往会同时存在。在之后的案例中，读者会发现，这种强迫性思维总是与患

---

①这种强迫性思维一般会在重度抑郁患者身上产生，不过可以通过精神分析治愈。

者心里所压抑的那个想法恰恰相反。这两个互相矛盾的思想之所以共存，都是压抑所产生的结果，为了更好地压抑心中产生的原始欲望和冲动，人们不断强调与之相反的那个想法，导致该想法强迫性地反复出现。这种强迫性思维来自于超我，是用来压抑本我的工具，是人为遵循社会文化道德所产生的产物。这两种思想就像电源的两级，患者为了抑制原始欲望和冲动，反复强调强迫性思维，于是，来自本我的想法无法进入意识层面。根据这个原理，要想消除强迫性思维，就必须将那个被压抑的潜意识思想发掘出来。

我们需要明确一点，强迫性思维之所以会出现，并不是源于原始欲望，也不是源自对原始欲望的压抑，而是这两种想法相互作用的结果。当然，每种强迫性思维出现的具体情况各不相同，不过万变不离其宗，它们产生的原理都是一样的。

所以，让我们把这个原理应用在杜拉的案例上。杜拉非常在意父亲与 K 夫人之间的关系，这是她的强迫性思维。我做出的第一个假设是，她之所以产生这样的想法，是为了隐藏心中不可告人的秘密。而从杜拉的行为和生活环境中，不难挖掘出她的以上想法。她的种种行为如果是出现在她母亲的身上，会很容易解释，而她的所作所为已经超出女儿应有的范畴，更像是一个妒火中烧的妻子。她给父亲下了最后通牒（“你要她还是要我”），用自杀来威胁父亲，这些行为明确表示出她正把自己放在自己母亲的位置。根据之前的分析，如果她潜意识里的性幻想真的是造成她咳嗽的原因，那么在此性幻想中，她一定会将自己想象为K夫人。这两种情况下，她所扮演的角色都不言而喻——一个是父亲曾经爱过的女人，一个是父亲正在爱着的女人。由此可以推断出，她对父亲的感情比她自己了解的要深许多：实际上，她正爱着她的父亲。

我认为，这种女儿对与父亲或者儿子对母亲的潜意识的爱（从他们不寻常的表现中可以看出），是婴儿对父母依恋的翻版。我的其他书中[①]对这种恋父、恋母情结已经作过详尽的解释，我还运用此理论解释过俄狄浦斯神话。大多数在幼年时期对父母某一方更为偏爱的人——女儿更喜欢父亲，而儿子更倾向与母亲待在一起——基本上都会有类似的明显表现。而在那些比较神经质的、特别早熟的并且渴望得到关爱的孩子身上，这种表现会更为明显[②]。

---

①参考我出版的《梦的解析》与《性学三论》。

②这种决定因素一般会在青少年时期形成，是受到自发或诱惑的自慰的结果。

此时，还有些其他因素在发挥作用，强化了俄狄浦斯情结，使之更加稳固。于是，这些孩子在很小的时候，就形成了自己的性取向和择偶标准，甚至是性欲的表达方式。杜拉的生活环境，就很符合我们的假设：她从小对父亲的认同度极高，自从父亲患病之后，她对父亲的感情也越来越深，因为除了杜拉以外，父亲基本不允许其他家人在他生病时近前照顾。比起父亲这个角色来说，杜拉更觉得他像一个知己，他一直非常赞赏杜拉天生的才智。也正因此，在 K 夫人出现后，最受打击的不是杜拉的母亲，而是杜拉。

在治疗过程中，我认为杜拉对父亲的爱意一定始于幼年时期，而且此后逐渐加深。虽然她对此并不认同，坚持说“我不记得有这种事”，可是，她却向我讲述了另一个类似的故事。她有一个 7 岁的表妹，杜拉从表妹身上看到了自己童年的影子。这个小女孩不止一次目睹父母激烈地争吵，当杜拉去他家拜访时，她在杜拉耳边说：“你不知道我有多恨她（指她自己的母亲），等她死了，我一定要和父亲结婚。”让一个人承认自己潜意识里的思想，几乎是件不可能做到的事，所以在精神分析中，我经常会把类似的事件联系起来，以便分析患者潜意识里的欲望。杜拉对我讲的这个故事，使我知道她在某种程度承认了我的猜测[①]。

多年以来，杜拉一直没有表达过自己对父亲的爱，相反，她还跟取代了她位置的 K 夫人关系匪浅。根据我们之前的分析，她因为自己假装不知道父亲与 K 夫人的关系而倍感自责，可见她对父亲的感情在最近越发强烈起来，这也是她坚持要父亲与 K 夫人断绝关系的原因。当然，我认为这个想法的出现，也是杜拉为了抑制自己另一个隐藏在潜意识里的想法。我认为，杜拉潜意识里还隐藏着对 K 先生的爱，但是这份爱在经过湖畔事件后，却因为某种原因变成了她口中的厌恶感。为了不让自己再想起与 K 先生并不顺利的恋情，她才故意放大了对父亲的感情，以此来抑制自己对 K 先生的感情。

现在我们了解到，使杜拉发狂的是她内心的情感冲突。一方面，她后悔拒绝了 K 先生的示爱，因为她确实非常渴望得到他的关注与陪伴；但另一方面，她的骄傲使她不愿意低下头来表达自己真实的感情。所以她必须重新唤起并强调自己儿时对父亲的感情，她想用这个过程，来阻止自己对 K 先生的喜爱之情进入自己的意识层面。当然，她成功地欺骗了自己，认定

① 注于 1923 年：后来我发现，人们如果在现实生活中坚决否认一件事，那么在他的潜意识里，反而是在承认这件事。

自己对K先生不再有感情。在后文进一步的分析中，我们会发现，杜拉其实一直被嫉妒无休止地折磨着，而她的这种状态表明，她的歇斯底里症还有着其他原因[①]。

虽然杜拉对我的上述分析矢口否认，但我却并不感到挫败，因为我知道她口中的“不”，只是为了抵抗潜意识思想进入意识层面的一种手段。同时，她的否定也像是一个强度测量仪，从侧面印证了她抑制潜意识思想的愿望是如此强烈。如果这时，我们忽略患者口中的这个“不”（因为这根本不是她的真情实感）而继续分析下去，我们会发现，这个“不”反而代表了其对“是”的渴望。杜拉承认，自己无法对K先生真正生气。她告诉我，有一天，她跟表妹在街上闲逛，突然就撞见了K先生。她的表妹并不认识K先生，但是却大惊失色地问杜拉：“杜拉你怎么啦？怎么脸色这么惨白？”而杜拉自己却没有感到任何异常。我向她解释，一个人的情绪的外在表达往往会被潜意识所支配，这也是泄露潜意识思想的一个途径[②]。还有一次，杜拉接连几天情绪亢奋，而后突然怒气冲冲地来找我进行咨询，她自己也不能解释自己情绪多变的原因。她说，那天是她叔叔的生日，但她却不

① 这个原因会在后文中分析。
② 对比以下两句话：我看着你静静地来，又看着你静静地走。

知为何不想去给叔叔庆生。也是那天，我觉得自己的治疗受到了非常大的阻抗，于是我让她继续讲述自己的心路历程。突然，她说她记起来那天同样是K先生的生日——这才是个可以让我进行分析的关键点。由此，也就不难理解为何几天前她自己生日时，为何那些礼物都不能让她开心起来。因为她并没有收到她最期待的、来自K先生的礼物。

杜拉在整个治疗过程中，一直反对我提出的观点，直到治疗快要结束时，才终于承认我的分析是正确的。

隐秘的同性爱恋

现在，我们必须进一步思考杜拉案例中一个更为复杂的问题。这个问题缺少文学作品中需要的情感冲突与张力，如果我是文学家或作家，或许不屑深入探讨，而会简化患者的心路历程，只凸显她的情感冲突部分，但作为心理医生，我却不能这样做。现实生活中，一个人会患上心理疾病，一定是多种原因造成的，也就是说患病动机是复杂多样的，是很多心理活动的整合与积累。杜拉对父亲与K夫人的关系无法释怀，隐藏在这背后的，是她对 K 夫人的嫉妒，而这种感情的基础，却是杜拉对同性的爱。

对处在青春期的人来说，即使是最普通的少年或少女，都会对同性产生好感。一个少女与她的一名女同学相识相知，有了一段浪漫感性的友情之后，便向对方许下海誓山盟、至死不渝的诺言，所以感情也随之升温；不过紧接着，由敏感而产生的嫉妒可能会引发争吵和冷战，这些都是女孩在与男性恋爱之前常会经历的序曲。此后，如果这个女孩的情感一帆风顺，那么她对这份同性之情将会逐渐消失；但如果她的感情遭受挫折，那这份同性感情很有可能在之后再度浮现出来。倘若在心理健康的正常人心中，同性之情都如此容易滋生，更不用说对神经质的患者们了，他们会更容易陷入对同性的感情之中。在前文中，我们已经描述过，神经质的患者的情感经历往往饱受挫折。到目前为止，我所经手的所有精神分析案例，或多或少都隐藏着患者的同性感情。当一位女性歇斯底里症患者刻意压抑对男性的渴望时，便会将自己的感情倾注于同性身上，有时这份感情太过强烈，以至于她们自己都能察觉到异样。

在杜拉的案例中，我们还没来得及讨论这方面的问题，治疗便匆匆结束了，她没有给予我充分的时间得知她对男性的看法，也是导致我不能深入地分析杜拉对K夫人的感情。但我想在这里提到一个人，她就是杜拉的最后一任家庭教师。最开始，杜拉非常喜欢和自己的家庭教师进行交流，后来她发现，老师对她友善，完全是因为觊觎她的父亲。当杜拉发现这件事后，便果断辞退了她。杜拉曾经也与她的小表妹忽然疏远，连她自己也说不清原因。原本，杜拉与这位小表妹一直要好，甚至到了无话不谈的程度。但在发生湖畔事件后，父亲由此想要回B镇，杜拉毫不犹豫地拒绝了他，于是父亲便带着她的小表妹回去了，自此之后，杜拉便开始对自己的表妹冷淡起来。杜拉知道，自己没有任何具体的理由讨厌自己的表妹，但她也确实表现得异常冷酷。杜拉对人际关系如此敏感，让我不得不追问她与K夫人之前的关系。询问后，我发现她们之间的关系曾经非比寻常。当杜拉在K夫妇家留宿时，经常会跟K夫人同床共枕，K先生则去其他房间休息。杜拉曾经是K夫人的知己，而且还会帮助她解决生活和婚姻中的各种难题，她们之间不存在秘密。K夫人非常高兴杜拉能与自己的两个孩子成为好友，而且丝毫没有阻拦杜拉与K先生的交往。虽然K夫人经常在杜拉面前奚落K先生，但这位少女还是义无反顾地爱上了这个有妇之夫，这其中的心路历程很值得探究。**在意识层面，我们的**

各种思想都会相互依存，如果我们能了解到在潜意识里，自己的意识是可以在矛盾中共存的，那么我们离成功解决这些心理问题也就不远了。

在评论K夫人时，杜拉经常会说对方有一具“美丽的身体”，这措辞一点不像是一位情场落败者所说的话，反而像是K夫人的爱慕者才会发出的评论。有一次，杜拉告诉我，她父亲给她送的生日礼物是K夫人挑选的，因为比起父亲，K夫人更加懂得杜拉的品味与喜好。对这件事，杜拉感到心酸多过于愤怒。她还讲道，她很喜欢K夫人的一件首饰，没过多久，K夫人所在的公司就送了她一件一模一样的，很明显，这一切都是K夫人在背后安排。作为一个普通人，看到K夫人与自己的父亲有染，一定会愤恨女方，但我从来没有从杜拉的口中听到一句诋毁K夫人的话。杜拉的行为似乎完全不合常理，但恰恰是她的不正常，最能体现她对K夫人的复杂感情。现在的问题在于，杜拉如此信任K夫人，而K夫人是怎样对待她的呢？在发生湖畔事件之后，杜拉毫不留情地指控了K先生，她的父亲也向K先生求证事实的真相。起初，K先生为了捍卫杜拉的尊严，言辞强硬地否定了一切，还说如果有需要的话，自己可以到杜拉一家居住的镇子当面澄清。但是几周之后，当父亲在B镇与K先生面谈时，K先生的态度发生了极大的转变，很明显，他是受到了K夫人的指示。值得一提的是，自湖畔事件后，K夫人对杜拉十分轻视，还说自己的丈夫能尊重杜拉已经算很不错了，因为她认为，一个喜欢看性文学的少女是不值得被尊重的。从某种意义上来说，K夫人背叛了杜拉，之前她们关系很亲密时，还曾一起讨论过有关性的话题。杜拉跟K夫人之间的关系，仿佛是杜拉与家庭教师的重复，如同那位教师一样，K夫人对她示好，也仅仅是为了吸引她父亲的注意。而K夫人为了保持自己与杜拉父亲的关系，毫不犹豫地出卖了她，但对杜拉来说，K夫人和家庭教师利用她来接近父亲是可以原谅的，她不能原谅的是K夫人对她的侮辱。杜拉一直声称自己不记得从哪里学到这么多性知识，有一种可能是这些知识的来源曾经是她深信不疑的人——K夫人，这个人最后却背叛了她，给她造成巨大的精神创伤。

我相信，杜拉对父亲与K夫人关系的强迫性思想，不仅是为了抑制她对K先生的爱，同时也是为了抑制潜意识更深处里对K夫人的爱。如果事实果真如此，那就正好印证了我们之前的结论：强迫性思想与潜意识里压抑的思想是相对立的。她不停地告诉自己，父亲为了这个女人而舍弃了她，K夫人代替了自己在父亲心中的位置，她也一直对外宣称，自己对K夫人有怨恨。而这种虚张声势的论调，正好可以掩饰她内心与之相反的事实，也就是她对父亲能够得到K夫人青睐的嫉妒。杜拉不能原谅K夫人的所作所为，对K夫人的背叛失望透顶。女性的嫉妒，在潜意识里隐藏着部分的雄性嫉妒之情，而这种内心隐藏的男性力量，跟一个歇斯底里症女孩的性幻想息息相关。

第一个梦

Dora: An Analysis of a Case of Hysteria

第二章

湖边的经历与相同的梦境

我对杜拉的心理治疗进行到某个阶段时，我们马上就要回顾杜拉的童年经历了，这时她突然告诉我，自己几天前做了一个梦，而且她说，她已经不止一次做过这个梦了。这立刻引起了我的注意，我本身就对这种周期性重复的梦境有着极大的兴趣，而且在精神分析的过程中，梦境的分析也是重要的一环，所以我决定对这个梦进行深入地探讨。

下面是杜拉对这个梦境的描述：我梦到我们的房子失火了[①]，父亲站在我的床前把我叫醒，我赶紧穿好衣服，想要跟着父亲一起逃出去。在逃跑时，母亲突然停下来说要去拿她房间里的首饰，父亲异常严厉地说："我是不会因为你那几个破首饰，让我和孩子们丧命的。"说完，他便带着我和哥哥跑下楼，而一到外面，我就突然惊醒了。

① 她家从来没失过火。

因为这梦反复发生，所以我询问她是否记得第一次做这个梦的情景。她告诉我不记得了，但却记得自己在L湖边（K先生向她求爱的那个湖）[1]曾连续三晚都做了这个梦。而且，在他们一家人搬到维也纳后，在治疗的前几天，她又做了相同的梦。当我听到这个梦境与湖畔事件有关之后，对于这个梦境背后隐藏的秘密更感兴趣了。不过，我首先还需要了解为何杜拉的梦会在最近重现。因此，我让杜拉再事无巨细地讲述一遍这个梦境，并告诉我梦中的场景都让她联想到了什么。在之前的治疗中，我对杜拉进行过梦境片段的分析，所以她对这个过程并不陌生。

“我记得一件事，”她说，“但是这件事不可能跟梦境有关，因为我清楚地记得，在发生这件事之前，我就有做过这个梦。”

“没关系，”我回答道，“最近发生的事情，也有可能符合梦境想要表达的欲望。”

“好吧，我记得父亲前几天跟母亲发生过争执，因为她晚上睡觉时，把餐厅的门锁上了。我哥哥的房间没有独立的入口，出入都必须经过餐厅。父亲不希望哥哥晚上被锁在房间里，他担心晚上可能会发生一些需要逃离房间的事情。”

---

① 从内容推断，我认为她第一次做梦的地点是L湖边。

“这让你联想到了房子失火？”

“对。”

“好，现在让我们来逐字逐句地分析你所说的话，你说‘晚上可能会发生一些需要逃离房间的事情’[①]。”

这时，杜拉意识到自己最近旧梦重现的原因，与自己最初做这个梦之间存在着某种联系，她告诉我：“我和父亲到达L湖边的时候，天气非常恶劣，电闪雷鸣，狂风大作。当时我们看到一个小木屋，屋顶没有避雷针，如果被雷击中就很容易着火。这时，父亲告诉我他非常怕火。”

现在，我需要将湖畔事件和这个她重复做的梦联系起来，我问道：“你是刚到L湖边就做了这个梦？还是快要离开之前？换句话说，是K先生向你求爱之前，还是之后？”（我必须解释清楚，K先生并不是在她到达L湖边的第一天向她示爱的。而且在这个事件发生之后，她还在L湖边停留了数日，只是在

---

①我之所以着重分析这些字眼，是因为它们让我感到语焉不详，表达某种生理需求的时候，不是也可以用相同的字眼吗？现在我们来分析这些含糊不清、表意不明的文字（我称它们为转换文字）。如果这些转换文字在梦中有着其他指代的意义，那么顺着这些文字分析，我们就可以找到梦里想要表达的真实欲望。

此期间，她对此事还闭口不提。）

起初她说自己不知道，但过了一会儿，她回答道：“我记得，我应该是在那件事发生之后做了这个梦。”

现在可以得知，她的梦是对K先生示爱的一个反应，但为什么相同的梦境会再三出现呢？我继续询问：“在发生那件事情之后，你在L湖边又停留了多久呢？”

“四天吧，第五天时我跟父亲一起离开了。”

“现在我确定，你的梦是对湖边K先生对你示爱的一个反应，而且你第一次做梦，应该就是在湖边时，而不是到湖边前。你自己选择性忘记做梦的时间，是为了消除这个梦与那件事之间的联系[①]。但我还有疑问，因为如果你在L湖边又多待了四天，那这个梦应该重现四次，不是吗？”

杜拉第一次没有反对我的分析，但她没有直接回答我的问题，而是说[②]：“当我跟K先生从湖边散步回去之后，我跟平常一样躺在沙发床上小憩，然后我突然觉得有人看着我，惊醒后，我发现K先生正站在我床前……”

---

①参考前面患者质疑自己所叙述的事情。

②这是因为在回答我的问题之前，有一段新的记忆突然涌上她的心头。

“就像梦中你看见父亲站在床前的情景？”

“对，”她说，“我警惕地问K先生：‘你站在那里干什么？’他回答说，他想要拿些东西，而且这是他的卧室，他想来就来，想走就走。这件事情让我警觉起来，于是向K夫人要了房间的钥匙。第二天早上我换衣服时，将门反锁了。但是当天下午，我准备在沙发上睡午觉前，想去把门锁好，却发现钥匙不见了，我想一定是K先生把它拿走了。”

“所以，现在我们发现，这个梦似乎与锁门或不锁门存在联系，仿佛这是这个梦的一个诱因[①]，最近，你也是因为这个问题才再次做这个梦。我在想，你刚刚所说‘我赶紧穿好衣服’，这是不是也跟这个梦有些关系？”

“其实，从那时开始，我就决定如果父亲不在场的话，绝不再和K先生单独相处。接下来的几天早上，我换衣服时都害怕K先生会破门而入，所以我换衣服的速度都比较快。那些天，父亲住在旅馆里，而K夫人每天很早就会去找他，然后两

---

① 虽然我没有跟杜拉讲，但是我怀疑她已经领悟了这个梦背后象征的意义：梦中的Zimmer（房间）常常代表Frauenzimmer（闺房，也可以代指贱人）。对一个女人最重要的就是她到底是“开”还是“关”，而大家众所周知，到底是什么样的“钥匙”会让女人“开”。

人会出去散步，不过幸好K先生也没有再来骚扰我。”

“我似乎明白了，在湖畔事件发生的第二天下午，你就决定与K先生保持距离，所以在第二、第三和第四天晚上，你才会连续做同一个梦。这个梦实际上表达了你想逃离K先生的愿望。在第二天下午，K先生在你午睡时进入房间之后，你有预感他会拿走房间的钥匙，这也是为什么第三天早上你会锁房门而且很快地换好衣服，因为你的潜意识认为K先生会闯进来。你每天晚上所做的同一个梦，实际上是一种应激反应，是你内心想要逃离的表现。你潜意识里不停地告诉自己‘我只要待在这里一天，我就不能好好休息’，而这种想法在梦里就变为‘当我逃离这所房子的时候，我就醒了’。”

在这里，我想暂且放缓分析的进度，而把上文中那一小段的释梦与我之前提出的梦的形成机制，来作一个对比。我在之前出版的书[①]中提到，**梦是人类潜意识里压抑着的欲望，代表着在现实生活中无法实现的事情**。在梦中，这些欲望会被加以修饰，然后表达出来。除了孩子的梦境以外，其他的梦全部都是潜意识作用的结果。如果我坚持说——每个梦都是具有意义

①《梦的解析》。

的，而且我们可以通过释梦将它的意义分析出来，之后这些潜意识的思想就能被清醒时的思维代替——我相信，这套理论肯定会被广泛接受。如果真如这理论中所说，梦境所代表的潜意识里的想法，就该和我们有意识的思想一样种类繁多。这个梦可以代表我们的欲望，另一个则可以代表我们的恐惧，这个梦可能正针对现实生活寻求解决办法，那个梦可能提出了创造性的思维或想法。我知道，上述理论简单易懂，会格外吸引读者。而且这个理论的确也很实用，它已经成功地分析了很多不同的梦境，例如本案例中杜拉的梦境，就能被该理论完美印证。

但是，我得出来的推论却和上述理论存在差异。我认为，所有的梦都具有同一个意义，那就是表达人们未能达成的愿望，当然，这种说法几乎受到了全世界的质疑。但我认为，我没有责任与义务通过简化释梦的过程，而使一本书变得更加通俗易懂。而且以往的经验，要把一个复杂的过程简化为一个理论或规律，研究必须达到更高的境界。杜拉的梦境似乎符合第一个释梦理论——是杜拉白天形成的意念在睡眠中的延续。但是，它与我的推论依然存在着差异，因此我会格外重视对杜拉梦境的分析。

神秘的首饰盒

现在，我们了解了杜拉做梦的原因，但她梦中的很多场景还有待剖析。我问杜拉："你说母亲想要抢救的那个首饰盒，又会是什么意思呢？"

"我母亲非常喜欢首饰，而且父亲曾经送了她很多。"

"那你喜欢首饰吗？"

"我也喜欢过，不过自从生病之后，我就不怎么戴了。我记得好像是四年前，我父母因为一件首饰大吵了一架。母亲特别想要一对珍珠耳环，但是父亲却不喜欢那对耳环，他给母亲买了一只手镯。母亲大为光火，告诉父亲与其花这么多钱买一个她不喜欢的礼物，还不如送给别人。"

"我敢说你会乐意接受那个手镯。"

"我不知道[①]，我真的不知道为何母亲会突然出现在我的梦

① 这是杜拉常用的否认手段，用来压抑潜意识的欲望。

里，她当时并没有跟我们一起去 L 湖边[①]。

“不用担心，我稍后会向你解释。不过此刻希望你还是能专注于首饰盒这件事，你还能回想起任何跟这个首饰盒有关的事情吗？因为你一直在讲珠宝首饰，却从来没有提及盒子。”

“是的，K 先生曾经送给我一个非常贵重的首饰盒。”

“那出于礼仪，你一定送给他回礼了。或许你不知道，‘首饰盒’（schmuckkastchen）跟你之前提到的小腰包[②]都暗喻着同一个东西——女性的生殖器。”

“我就知道你会这么说[③]。”

“也就是说，你也知道‘首饰盒’有这一层意思？如果是这样，那么这个梦境的意义就更加明显了。你对自己说：K 先生想要纠缠我，他想闯进我的房间，我的‘首饰盒’并不安全，如果真发生了可怕的事，都是父亲的责任。这也是你父亲在梦里救你性命的原因，你的梦境选择了一个和你真实想法相

---

①虽然有时杜拉看起来对释梦很熟悉，但这句话表明她完全没有理解释梦的原理。她对首饰盒的联想显得非常犹豫，而且能提供的信息也很少。这表明这个话题被压抑得最厉害。

②关于小腰包的事情，我之后会再作解释。

③这是我们常用的手段，用来搁置快要浮现到意识层面的潜意识思想。

反的场景来作为掩饰。在你的梦里，所有的事情都和现实相反，就像你说的，你不知道母亲为何出现在梦中，但其实，这才是你梦里最为关键的线索。你深知如果想得到父亲的爱，母亲是你的第一大劲敌。在关于首饰的那次争吵中，你其实很乐意接受被母亲拒绝的那个礼物。现在暂且让我们用‘给’和‘不给’分别代表上个句子中提到的‘接受’和‘拒绝’，也就是说，你已经准备好给予父亲一切母亲未能给予他的东西，而这个东西跟‘首饰盒’有关[①]。现在,你再回想一下 K 先生送给你的那个首饰盒，你在这件事情上出现了平行思维的现象。你把 K 先生当成了父亲，因为他曾经像梦中的父亲一样站在你床前。K 先生送给你一个首饰盒，所以你必须回赠他你的‘首饰盒’，这也是我刚刚提到回礼的原因。当你在平行思维中，梦里的母亲被 K 夫人所取代，所以，这个梦境同时也表达了你已经准备好给予 K 先生他的妻子所不能给予他的东西，这就是这个梦竭尽全力想要隐藏的秘密。而正因为它如此不可告人，所以全部压抑的欲望都通过与之相反的形式在梦里表现出来。你的梦境证实了我之前的分析——你唤起儿时对父亲的爱，来掩

① 我稍后会结合前文对此进行解释。

饰现在对K先生的感情，那么，你的这一切努力到底所求为何？所有的证据都指向一个事实，那就是你不仅害怕K先生，也害怕自己会身不由己地被他吸引。简言之，你所有的努力，都证明了你对K先生深深的爱[①]。

当然，杜拉绝对不会认可我这一部分的分析，但我却认为仍需对此做出更深入的推论，这样既可以完善患者的病历，也可以让相关学者更好地研究释梦理论。我保证，如果再跟杜拉见面，我一定会把这些推论告诉她。

梦中的“火”与“水”

我一直非常在意杜拉讲过的一句话，因为那句话似乎带有别样的含义——“晚上可能会发生一些需要逃离房间的事

---

① 我补充道：“你前几天又开始重新做这个梦，这让我意识到，你的潜意识认为相同的事情会再次出现，因为这次治疗是你父亲逼你来的，所以你决定放弃治疗。”事实证明，我的推测是正确的。在精神分析到这一步的时候，我跟杜拉已经发生了移情的情况。不过在这篇文章中，我没有多余的篇幅来讨论这个问题。

情。”在我看来，如果经过释梦，仍然有些问题没有得到很好的解释，那么关于梦的解析就是不完整的。这或许不适用于所有的案例，但却符合我对完美主义的追求。一般来说，做梦的原因有两个：第一，当前发生的事情成为梦的刺激源；第二，童年时期发生过的重大事件，深埋下了欲望的种子。梦会基于儿时发生的事件，根据最近发生的刺激源做出些改变，最后通过梦的形式表达人们的欲望。通常来说，人的欲望在儿时就会萌芽，成人之后，做梦者在梦中会以儿时的方式来处理当前之事。我相信我已经分析清楚了杜拉做梦的两个因素，她的梦应当与她儿时的一个幻想有关。

为了验证我的推论，我先做了一个实验，实验结果证明了我的推论是正确的。当时，我治疗室的桌子上有一个火柴盒，我让杜拉仔细观察这张桌子，并问她是否发现有异常，比如有没有一些不该出现的东西。杜拉什么都没发现，于是我问她，是否知道大人为什么禁止小孩玩火柴。

“我知道，因为有可能引发火灾。我舅舅家的两个孩子就很喜欢玩火柴。”

“不仅仅是这个原因，人们警告孩子们‘不能玩火’，还有另一层意思。”

她表示对此不知情。

“大人禁止孩子玩火，是因为怕孩子们晚上会尿床。这种‘水’与‘火’的对立，才是深藏在这之后的意义。民间有种说法，小孩在白天玩火的话，晚上就会梦到火，而想要扑灭火就必须得有水。虽然我并不确定，但我觉得这个‘水’与‘火’相对立的理论非常适用于你的梦。你的母亲想要抢救那个首饰盒，以免它被烧毁。而从相反的角度说，你母亲是在保护首饰盒不被弄湿。‘火’的反义是‘水’，但‘火’本身还可以代表欲望和爱。你梦中的‘火’可以从‘爱’这个方向进行分析，也可以从‘水’的方向进行分析，因为‘水’是‘火’的对立面，而且‘水’本身也可以象征着‘爱’，因为爱也会让某些东西变湿。之前我们分析‘火’与‘爱’表达了你对K先生的情感，那么如果从‘水’这条支线分析，又能得出什么结论呢？联想到你之前所说的：晚上可能会发生一些需要逃离房间的事情。这句话暗示着一种怎样的生理反应？你可以把场景转换到你的童年时期，除了尿床，还有其他答案吗？大人一般会做什么事来预防儿童尿床？是不是第一时间把睡梦中的孩子叫醒，就像你父亲在梦中把你叫醒一样？其实，这才是你将K先生当成自己父亲的原因，因为他才是真正把你从梦中叫醒的人。

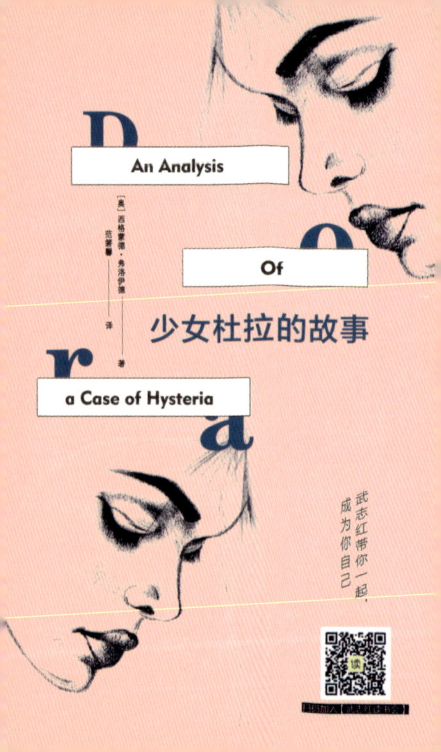

Dora
An Analysis
Of
a Case of Hysteria
少女杜拉的故事
[奥] 西格蒙德・弗洛伊德——著
范箐馨——译
武志红带你一起，
成为你自己
扫码加入【武志红读书会】

我可以得出一个结论：你尿床的情况，应该比其他小孩持续得更长，你哥哥应该也和你有同样的问题。因为你父亲曾在梦里说‘我不会……让我和孩子们……’你哥哥应该没有跟你们一起去L湖吧，所以，他出现在这个梦中的原因只能是以上理由。现在，你对我刚刚的分析有什么补充吗？”

“我不记得自己当时的情况，”杜拉回答说，“但哥哥确实一直到六七岁时还有尿床的问题。他不仅仅晚上会尿床，连白天都有可能尿裤子。”

围绕她对哥哥的往事记得比自己的事情还要清楚的状况，我正准备和她进行一番探讨，她却好像突然回忆起了往事一般，继续对我说：“大概七八岁之前，我有段时间也经常尿床。我的情况应该算很严重，因为父母把医生都请来了。一直到我的神经性咳嗽发病前不久，我才停止尿床。”

“医生是怎么说的？”

“他说这是神经衰弱引发的，很快就会康复，然后就给我开了药[①]。”

---

①这是杜拉唯一信任的医生，因为在这次治疗中，这个医生并没有揭穿她的秘密。现在我们知道，杜拉害怕医生，主要原因是缺乏对他们的信任。

杜拉对吻的渴望

当我以为我对杜拉第一个梦的解析已经大功告成时[①],她却又告诉了我一件事。她说她之前忘记说了，她每次梦醒之后，都能闻到一股烟味。当然，火自然与烟有着联系，不过这也让我意识到，她的梦或许跟我也有着某些关系。因为每次在治疗中，当她否认自己正压抑着内心的想法时，我都会反驳她："无风不起浪，无火不生烟。"不过，杜拉依然否认了我的说法，她解释说自己会在梦醒后闻到烟味，大概是因为父亲和K先生都有烟瘾。如果真的归结于此的话，我的烟瘾事实上也不小。杜拉在L湖边度假的那段时间里自己也会抽烟，就在K先生对她示爱之前，他还刚为她卷了一支烟。杜拉说，她记得很清楚，自己在L湖边连续三天做了这个梦之后，醒来后都能闻到烟味。但是最近这一次梦醒，却没有闻到了。由于她不愿提供

① 这个梦境的本质也许可以理解为："这个诱惑如此强烈，亲爱的父亲，请您像我儿时一样保护我，别让我尿床。"

更多的信息，我只好自己分析烟味与她梦境的联系。首先，烟味这个信息是杜拉最后才提供给我的，说明它一定受到过最强烈的压抑。因此，它可能是杜拉潜意识中最模糊、却也被压抑得最深的意念。换句话说，这个意念就是她其实想要屈服于K先生的欲望。如果真是这样，那么梦醒后的烟味就代表了杜拉对K先生亲吻的渴望。因为K先生经常抽烟，他的吻也必定会带有烟味。我们之前提到过，两年前K先生曾强吻过杜拉，而且如果她接受的话，这样的吻肯定发生过不止一次。所以，对吻的渴望让杜拉回想到自己被K先生强吻的场景，之后，这个从小“习惯吮吸手指”的女孩产生了恶心感，以此来保护自己不受诱惑。而梦醒后的烟味也显示出，杜拉在治疗的过程中对我产生了移情作用，因为我和她的父亲及K先生一样，也爱抽烟。可能在某一次的治疗中，她突然产生了想要跟我接吻的想法。这很可能是她在近期旧梦重现的理由，由此，也能解释她为何突然想要中断治疗。种种迹象都证实了我的推测，但在心理治疗中，产生移情是很常见的，而且其特质让移情变得难以被验证。

这时，我也不禁犹豫起来，是该先考虑释梦对杜拉这个案例的影响，还是先澄清外界对我释梦理论的误解。经过慎重考虑，我将先叙述前者。

尿床与玩弄小腰包的隐藏意义

对一个歇斯底里症患者来说，探究他们儿童时期的尿床现象，是很有必要的。需要指出的是，杜拉的尿床问题并不寻常，这不仅是因为她尿床的时间远远超过了同龄孩子，而且根据她的叙述，虽然她有一段时间没有尿床，但在 16 岁之后，她又旧病再犯。科学与医学并不能完全解释一个人尿床的原因，不过据我所知，最容易引发尿床的原因就是手淫。根据我多年的咨询经验，有尿床习惯的孩子都很清楚这两者间的关联，而且十分了解手淫对自己心理造成的影响。所以，当杜拉向我描述她的梦时，我对她进行了一系列的询问，目的是让她承认自己在儿时有过手淫行为。

不久之前，杜拉问过我，为什么生病的人是她。我还没来得及回答，她就将责任都归咎于她的父亲身上。她的自我开脱并不是潜意识的产物，而是意识的结果。不过令我惊讶的是，杜拉很早就知道父亲生了什么病。在我给她父亲看过病后，她在别人的某次谈话中得知该病的名称。而且在这之前——早在她父亲被查出患有视网膜脱落症的时候——眼科医生应该暗示过此病是由梅毒引起的。这个敏感多疑的女孩也曾经听见自己的老姑妈对母亲说：“你应该知道你丈夫在结婚之前就患有梅毒了吧。”这个老姑妈还说了一些杜拉当时不能理解的事，后来，这些事情在她心里便与不正当的事物联系了起来。

杜拉的父亲因为生活放荡而染上了性病，杜拉认为，父亲把这些病都遗传给了她。就像我前文中提到的一样，梅毒患者的后代更容易患上严重的精神疾病，不过我出于谨慎并没告诉她这件事。杜拉对父亲的责备，一直存在于她的潜意识中。曾经有几天，她对母亲产生了空前的认同感，甚至模仿她的动作和细微病症，肆意做出让人难以容忍的行为。她后来坦白，她当时想到了自己曾经和母亲去过一个叫弗朗兹巴德的地方，但我忘了她们是哪一年去的了。她母亲需要到那里治疗腹痛和白带异常等问题。杜拉认为——这次她应该说对了——这全部都要归罪于她父亲，是他把性病传染给了母亲。杜拉的想法很正常，大多数外行人都容易弄混淋病与梅毒，也不清楚这些病毒的散播方式究竟是传染还是遗传。她对母亲如此高度认同，让我忍不住想要问她，是否她也感染了性病。不过后来我得知，她患的是白带异常，至于是何时开始的，她也不记得了。

现在我已经明白，在杜拉对父亲的一连串指责背后，隐藏着她深深的自责。在她叙述的过程中，我告诉她，如果一个年轻女孩出现白带异常，一定与长期手淫有关。而且我认为，她所有的指责和心理问题都是手淫造成的[①]。我还说，如果她能承认自己从儿童时期就开始手淫，她就可以找到她之前问题的答案——为什么偏偏是她生病。而同往常一样，杜拉否认了我的推测，并且说她完全不记得自己有这个习惯。不过几天之后她做的一件事，却像是无意识地承认了我的推测。那天，她来接受治疗时戴了一个款式新颖的小腰包。她之前从来没有佩戴过类似的东西，而且治疗开始之后，她一边躺在躺椅上讲话，一边不停地摆弄着腰包。她一会儿把包打开，把手指放进去，然后又缩回手，将腰包关上，如此重复了好几次。我观察了她一段时间，然后告诉了她一个新名词：症状行为[②]。我把人们无意识的、毫无目的的、不由自主的行为称作症状行为。人们普遍会否认这种行为带有任何意义，如果他们的这种行为遭到质疑，他们会解释说这只是偶然出现的小动作而已。不过，通过

① 注于1923年：我现在已不再坚持这一观点。

② 参考我出版的《日常生活中的心理病理学》。

进一步研究就会发现，这些意识层面都管控不了的行为，实际上显示出了人们潜意识所压抑的欲望与冲动。它们正是潜意识浮出水面的一种表现，极具研究价值。人们对症状行为通常有两种表现：如果能觉察到自己潜意识的欲望，哪怕一丝，就能意识到自己正有着症状行为；如果对潜意识的想法毫无察觉，就很可能完全忽略症状行为。所以，杜拉如果要反驳我的推论，她大可直接说："我为什么不能佩戴这个小腰包呢？它现在非常流行。"但即使找到了这样的借口，也并不能消除其动作背后潜藏潜意识欲望的可能。但另一方面，用潜意识冲动来解释一个人的行为并非屡试不爽。不过值得庆幸的是，在杜拉的案例中，她的症状行为与心理活动非常相符，所以我们才能做出这样的推论。

如果有机会，我想要出版一本有关症状行为学的书，因为这种情况不仅发生在神经质的人身上，在心理健康的个体身上也会出现。有时，这些行为极易解读，例如杜拉的那个小腰包，就象征着女性生殖器。她在治疗过程中，不停地摆弄那个小腰包，把它打开，还伸进手指，这些动作证明她毫不知羞地表达着想要手淫的欲望。有趣的是，我在最近的治疗中也遇到了类似的情况。一位来访的老夫人在治疗途中突然拿出一个小铁盒，表面上她是想要吃糖，但她却很是费劲地打开这个盒子。为了证明盒子真的难打开，她还把盒子递给了我。我对老夫人说，这个盒子一定有特别的意义，因为在接近一年时间的治疗中，这是我第一次看见这个盒子。老夫人急迫地解释道："我无论走到哪儿都会带着这个盒子。"当我笑着对她解释，她所有的措辞都明显地暗藏了另一层含义之后，她才渐渐平静下来。这位老夫人的铁盒与杜拉的小腰包一样，都象征着女性生殖器。

日常生活中，存在太多类似的行为，但我们却不会特别注意。如果想要不依靠催眠，仅仅凭借观察人们有意识的行为和语言，恐怕很难了解一个人潜意识的想法。因为一个人的嘴既然可以骗人，那他的耳朵也可能被骗；但在嘴巴沉默时，指尖却会泄露心事，甚至全身的毛孔都会泄密。这也是为什么想要了解一个人潜意识的欲望与想法，就需要研究他的病症行为。

杜拉把玩小腰包的病症行为，并不是紧接着那个梦出现的。在她叙述那个梦之前，她还出现过另一个病症行为。当时她正在治疗室等我，我进房间时，正好看见她把一封信藏起来。我随口便问了一句是谁给她的信，最开始她拒绝回答我，后来又说这封信没什么大不了，跟治疗无关，信是她祖母寄来的，她说祖母想让她多写信回去。我相信，杜拉只是在跟我玩一个"捉迷藏"的游戏，她的行为是为了给治疗师一条线索，好让治疗师来主动挖掘她的秘密；不过，同时她又害怕秘密泄露，说起来这也是她抗拒看医生的根本原因。她怕医生了解她潜意识里的欲望，无论是通过检查发现她的有白带异常，还是通过咨询发现她有尿床问题——总而言之，她害怕自己手淫的事情暴露。但是如果医生没有发现这一点，她又会轻视他们的实力。

我认为，杜拉责备父亲害她生病、责备自己、摆弄小腰包、有白带异常和尿床的问题，以及她对医生的恐惧，都统统证明了她有手淫的习惯。其实，当她告诉我她的表姐胃痛，而且她因为认同表姐也产生了同样的情况时，我就怀疑她有手淫的习惯了。很多人都知道，手淫的人特别容易胃痛。有一次，我与威廉·弗里斯私聊，他告诉我，他发现了一个治疗这类胃痛的好方法：每个人鼻子里面有一个胃点，只要把可卡因敷在胃点上就可以止痛，如果灼烧该点，则可以完全治愈。杜拉曾经告诉我两件事，而这两件事证实了我的猜测：第一是她经常胃痛；第二是她确信自己的表姐经常手淫。患者总能轻易发现其他人身体病症与心理问题的联系，但审视自己时，却会因为情感被抑制，而难以觉察其中关联。治疗后期，虽然杜拉还是表示自己什么也记不起来，但她却不再否认我的推断。对我来说，她停止尿床的时间极为重要，因为她声称自己一直到神经性咳嗽前不久才不再尿床。歇斯底里症的症状一般不会出现在孩童手淫期间，反而会出现在他们禁欲一段时间后[①]，而歇斯底里症，就是他们满足性欲的另一种手段。手淫的欲望会隐藏在患者潜意识中，直到他们能发现另一种满足性欲的行为。可以说，歇斯底里症患者的性欲能不能被满足，要取决于他们是否拥有满意的婚姻或者性伴侣。如果婚内关系不和，让他们的欲望无法满足，他们的歇斯底里症很可能会重新出现。

性的另一种表现：呼吸困难

我很想全方位地向大家解释杜拉到底是何时以及何种情况下停止了手淫，但是因为治疗中断了，所以我也只能提供些片面的信息。我们现在已经了解到，杜拉尿床的习惯一直持续到她神经性咳嗽开始之前。而在她停止尿床的那段时间，我们唯

① 这个理论也同样适用于成年人。不过对于成年人来说，禁欲是一种相对的概念，只要手淫的次数减少，他们就有可能出现歇斯底里症。因此，如果他们的性欲非常强烈，手淫与歇斯底里症也有可能同时出现。

一知道的线索是她父亲当时并不在B镇，因为他的身体状况稍有好转，所以回到了自己公司所在的城市。我认为，这个信息可以成为揭示杜拉神经性咳嗽原因的重要线索。根据杜拉的病症表现和病症行为，以及她房间的位置——紧挨着父母的卧室，我推测她晚上一定听到过父母做爱时发出沉重的喘息声（她父亲总是呼吸急促）。在这种情况下，孩子一定会想象这神秘声音背后的性场景。的确，由于人性使然，人们会自然而然地为了满足性欲而做出相应的动作。我一直相信，在歇斯底里症和焦虑症患者身上，他们的失音和心悸等问题，都是性爱的并发症而已。就像在杜拉的案例中，我也可以将她的失音归因于性爱，因为她晚上睡觉的时候能够听到父母发出的喘息声，所以在这种情况下，她因为听到声音而产生的性欲，与手淫产生的快感，很快演变成了一种病态的焦虑。不久之后，父亲离开了家，杜拉对父亲的爱导致她陷入思念，于是用咳嗽来不断加深自己脑中里的那一幕。杜拉称自己对第一次发病时的情景记得非常清楚，所以我们可以凭借她给予的信息，推测她那时的心路历程和病态焦虑。她第一次发病，是在一次远足登山之后，她当时累到喘不过气。这不禁让人联想到她父亲因为心慌气短，不能做爬山等剧烈运动，于是，杜拉联想到父亲晚上与母亲激烈的性爱。杜拉担心性爱会影响到他的健康，她也担心自己因为手淫过度而筋疲力尽——就像其他性爱方式一样，通过手淫达到高潮时，人也会稍有气喘，所以，呼吸困难演变成了她的一种病症。上述判断所依凭的材料，是我根据患者提供的一些资料总结出来的，但无法保证所有推论都根据充分。通过杜拉的案例，我们了解到，想要知道一位患者性方面的信息，必须一点一滴在不同时间、从不同的方向慢慢获取[①]。

---

①在其他的病例中我们可以发现,儿童时期的手淫都差不多是这种模式。而证明他们有手淫所需要的证据也不尽相同：白带迹象、尿床、与手有关的习惯（强迫性洗手）等等。根据这些病症中的特性，我们可以确定，孩子们的手淫习惯是否被父母发现，或者他们突然戒除这个习惯是自发原因还是偶然因素？在杜拉的案例中，她的手淫的秘密未被发现，但是却突然停止（因为她突然开始害怕医生看到她的呼吸困难、咳嗽等症状和表现）。一般来说，患者在意识里不会承认自己有这样的习惯，就算他们知道自己有白带异常问题或者记起了母亲的警告（“不要做那样愚蠢的事”）。一段时间之后，他们这个被压抑的记忆还是会重新浮现，我接触过的所有的病例都是如此。我记得还有一个强迫症患者的强迫行为，直接原因就是她的手淫。她的病症包括自我禁闭和自我惩罚，认为做了这个就不能做那个，自己的想法不能被打断，在两个想法之间犹豫不决还有强迫性洗手等等——这些全部都是妈妈努力想让她戒除手淫习惯的一种证明。她记忆中保留的就只有来自母亲的一句警告：“啊！那种行为很危险。”有关于这些的案例分析，请参照我的《性学三论》。

现在，一系列关于歇斯底里症病因的重要问题浮出水面：杜拉的案例属于典型的歇斯底里症吗？还是它仅仅只代表了一种病因？我相信，想要回答这些问题，必须要先积累一定数量的案例，并对它们进行分析、研究和比较，然后才能得出结论。我甚至觉得这些问题本身就存在疑点，因为在我看来，了解病因对于神经质患者的意义，比回答杜拉的歇斯底里症是否由手淫引起要重要得多，所以，我在回答上述问题时采用的角度，可能会和大家期待的有所差异。但只要我们能够证明，本案例中杜拉在儿时并不是因为偶然因素才手淫的，而且这个行为对她产生了很大的影响，这就足够了。

疾病是一种惩罚

因为杜拉的白带异常对治疗有着重要意义，她愿意向我提供更多的信息以便分析。她的母亲因为感染类似的妇科疾病，前往弗朗兹巴德看病，杜拉把那种病称为“黏膜炎”。这个词包含了两层意思，由于父亲的原因，母亲和自己生病了，母亲得了“黏膜炎”，而杜拉患上了跟口腔黏膜相关的疾病，且咳嗽本身就是源于轻微的哮喘，这也可以看作是她在模仿父亲（父亲的肺不太好），以此来表达自己对父亲的关心与同情。另外，她的症状也让另一个压抑在她潜意识里的想法得以发声："我是父亲的女儿，所以，我就该和他有同样的疾病。是父亲令我生病的，就像他让母亲生病一样。我心中所有邪恶的力量都来自于他，而疾病是对这些邪恶力量的惩罚。"

现在，我们可以将导致杜拉咳嗽的种种原因结合起来了。我们先假设杜拉咳嗽是喉咙真的有些许不适，可以把这视作她疾病的基础，就像是贝壳在形成珍珠之前，必须要进入的那一粒沙。她对喉咙的不适异常敏感，因为她心底强烈地认为，这一部分器官与性爱有着密不可分的联系，所以这一症状对杜拉来说非常适合用来发泄性欲。同时，由于她在心中为其找到了合理的借口——对父亲的同情和对自己的自责——所以这个症状也变得稳定。她这一系列的症状，也能代表她与K先生的关系，既表达了他不在时对他的思念，也表达了她想做一个好妻子的愿望。而之后，她的情感与欲望再一次转向了自己的父亲，她的病症表现也具有了一个终极意义：她把自己当作K夫人，表达了自己想要与父亲做爱的欲望。我肯定，这一系列的分析还可以再继续下去，但不幸的是，一份不完整的案例分析不能让我们按照时间线完美解释造成杜拉病症的原因，也不能说明一个症状背后是否隐藏了多种意义。但我们有理由相信，这些问题都可以通过一份完整的分析得到答案。

下面，我将探讨杜拉的歇斯底里症与她生殖器炎症之间的关系。在心理学发展早期，精神分析尚不能对歇斯底里症做出完善的解释，我经常听前辈们说，患有白带异常的歇斯底里症患者，当其白带增多的时候，症状往往也会加强，特别是厌食和呕吐。没有人知道这两者之间的关系，但是在这一点上，我个人倾向于妇科医生的说法。根据他们的理论，生殖器的问题会影响一个人的神经系统——虽然这一理论尚且需要进一步证明，况且就目前的知识水平而言，也不能排除这两者之间根本没有联系。但是无论如何，这个症状对一个人的心理必定会产生不同程度的影响。女性对自己的生殖器有一种特别的自豪感，所以她们认为，如果生殖器官产生病变，是一件让人怨恨和厌恶的事，她们会感到自卑，而且觉得自己的人格受到了侮辱。由此，她们会变得敏感多疑，并且易怒，阴道的异常分泌物就是她们厌恶感的来源。

相信读者们一定还清楚地记得，杜拉说在她被 K 先生强吻之后产生了强烈的恶心感，为了更加完整地了解事件的经过，我们可以做出如下假设：当杜拉被K先生抱住时，她感受到了男性勃起的下体。另外，我们已知杜拉曾经开除了一个背叛她的家庭教师，这个家庭教师用自己的亲身经历告诉了杜拉一件事情，那就是所有的男性都是轻浮且不可信的。杜拉将这句话解读为：世界上所有男人都像自己的父亲一样。她还会联想到自己的父亲患有性病，那父亲会不会把性病传染给自己和母亲呢？她随即也会认为世界上所有的男性都患有性病，而性病对她来说就意味着恶心。现在，我们可以得知杜拉恶心感的另一个来源了。她的恶心来自于我之前提到的人类最初性欲带的影响，同时也跟她自己的白带异常有着密不可分的联系。

我怀疑，杜拉的潜意识思想所作用的这两个身体器官，在很早之前就存在着联系，就像缠绕在花茎上的枝蔓，在特定情况下，它们还会与其他类似的想法和欲望产生联系。这种相互作用的关系虽然对一些个体案例很适用，却不足以解释清楚病症的由来。这是因为杜拉的案例半途中断了，对她的推测和分析必然离不开一些想象。所以，下文中的分析内容，基本上是我基于其他比较完善的病例而做的推测。

通过对梦境的分析，我们了解到梦是杜拉解决现实问题的一种手段。只要现实问题没有解决，她的梦就不会停止；即使问题解决了，但只要有类似的问题出现，她也会重新开始做这个梦。对于这个现实问题，杜拉认可的解决方案很可能是这样的："我必须从这所房子里逃离出去，因为我的贞操正在受到威胁；我要跟父亲一起逃走，而且还要警惕每天早上穿衣服的时候不被人打扰。"这些想法，在她梦里都得到了清晰的呈现，而且它们在杜拉心中不仅是有意识思想，还处于主导地位，在这些思想背后，另一些被隐藏起来的想法也依稀可辨。这些隐藏起来的或者说被压抑的想法，跟那些有意识思想恰恰相反，对于杜拉而言，这是她想要屈服于K先生的一种表现，她希望得到这个男人的关注与爱，渴望报答他之前的百般照顾，甚至可能会频频忆起第一次被他亲吻的场景。不过根据我在《梦的解析》中的理论，这些元素并不足以让一个人做梦。这条理论认为，梦并不是一个人对现实问题的解决方式，而是人们一直以来被压抑的欲望，甚至可以说，梦压抑了一个人从儿时就有的欲望，现在我们的任务，就是验证这个理论是否适用于杜拉。

杜拉的梦确实包含了一些童年的素材，虽然乍看之下，我们很难将这些素材与杜拉想要逃离K先生的家、逃离他的诱惑之间联系起来，但是，她的梦为何会让她联想到童年的尿床现象，还有父亲教导他们要爱清洁这些事情呢？或许，她提到这些事情全部基于事实，所以能帮她抑制住想要屈服于K先生的愿望，至少保证那些与这个愿望相对抗的方案能占上风。杜拉决定和父亲一起逃离，实际上是她逃向了父亲，因为她害怕那个追求她的男人。她重新唤起了自己儿时对父亲的爱，以此来抑制自己对一个陌生人的感情。杜拉心里认为，父亲应该为她现在的状况负一部分责任，因为他为了一己私欲，亲手把女儿交到了一个陌生男人的手里。如果父亲只爱她一个人，并且倾尽全力把她从危险中解救出来，那该有多好。杜拉潜意识中存在的，是想让父亲代替K先生，这才是形成这个梦的关键。如果杜拉在童年时期曾经历过类似的事情（不同的是，当时的事件只涉及她的父亲），那么童年时期的那个事件才会是她梦里的主要场景。凑巧的是，杜拉小时候确实有过这样的经历，有一次，她父亲像K先生一样站在床前叫她起床，甚至有可能也像K先生原本要做的那样，亲吻了她一下。所以，虽然想要逃离房间这个单纯的因素并不能使杜拉做梦，但如果这个因素和儿时就已形成的欲望联系了起来，就有了做梦的可能。想让父亲代替K先生，才是杜拉做这个梦的最强烈动机。在此，我需要重提一下杜拉对她父亲和K夫人关系的看法，我认为，她之所以总强调两人的关系，是为了唤起自己儿时对父亲的爱，以此来压抑自己对 K 先生的感情。这种抑制的思想，在她的梦中也有所反映。

在《梦的解析》中，我曾经提到过人在清醒时残留的思想有可能在梦中延续，也分析过形成梦的潜意识思想。下面，我将原封不动地引述上面两种观点，因为杜拉的案例正好可以证明它们：

> 我承认，有一部分梦确实基于我们白天残留的思想，也就是大家常说的“日有所思，夜有所梦”。如果我白天没有为朋友的健康忧心忡忡，晚上我也就不会梦到自己成为杰出的教授[①]，虽然那是我一直以来的愿望。但仅靠一个愿望或者担忧，是不会让人做梦的，做梦的动机一定是基于某个欲望，欲望和愿望的共同作用才会让人做梦。打个比方，人们在白天残留的思想对梦而言就像是一位企业家，但是企业家再有雄心壮志，要想大展宏图，如果没有资金的话，也会一事无成，因为他需要资金来确保开销。欲望就相当于一个人梦里的资金，无论一个人白天残留的思想是什么，他要形成一个梦，就必定需要来

① 这是书中所举的例子。

自潜意识的欲望。

任何一个乐于钻研梦的形成、并且懂得欣赏它微妙结构的人，都不难发现杜拉是想让父亲代替那个诱惑她的男人，这个愿望让她回忆起了儿时的往事，同时，也抑制了自己想要屈服于K先生的欲望。如果杜拉认为无法屈服于自己对K先生的爱，并最终成功压抑住了自己的感情，那么她做出的所有决定，都缘于她早期获得的性满足及其造成的后果——尿床、白带异常和恶心感。早期手淫或性欲满足，以及个体体质和生活经历，会导致一个人成年后对性爱产生两种截然不同的需求。第一种，是完全放纵自己的欲望，没有节制地纵欲，很可能还会在变态的边界游走；另一种却恰恰相反，他们会完全拒绝性爱，当然同时也会患上神经症。目前案例中的患者，由于她的体质及其高素质的道德水平，使她倾向于后者。

需要强调的是，梦境分析为我们提供的，是杜拉潜意识中关于病理的细节信息，这些都是她回忆所不能及，或者说无法在脑中再现的情景。根据前文的分析，我们知道杜拉已经将童年尿床的这部分记忆抑制住了，同时，她也没有提及K先生骚扰她的细节，这些事情在她的记忆中仿佛从没发生过。

第一个梦的完整解析

接下来，我会再补充一些分析，让这个梦境分析更加完整。这个梦出现在湖畔事件后的第二天下午，当时，杜拉正好发现自己不能给房门上锁。在这种情况下，她对自己说：“在这个地方我的安全受到了深深的威胁。”于是，她的解决方案就是跟随父亲逃离这个房子。这个方案变成了杜拉的梦，因为它在潜意识中与杜拉过去的欲望建立了联系，杜拉想要唤起自己儿时对父亲的爱，以此来抑制自己现在对K先生的好感。她的这些想法，随后引发了她对父亲与K夫人关系的强迫性思想——因为自己正爱着父亲，所以，她对K夫人妒意正浓。在杜拉心中，有两种力量在互相拉扯，一个力量想要屈服于K先生，接受他的求爱；另一个力量则是反对以上思想的力量。后者源于她自儿时接受的良好教育，以及她超高的道德水平，同时，也源于家庭教师灌输的对男人的仇视（嫉妒和自尊心受伤），还有她自身的神经质，即她儿时的手淫事件让她抗拒成年之后的性爱。这个事件同样能唤起她对父亲的爱，并且以此抵抗屈服于K先生。

正如我们所见，“逃向父亲，请求他带自己离开”的想法已经扎根在她的潜意识中，所以在梦中，父亲才会于危难之中拯救她。在此过程中，我们必须把一块拦路石先搁置一旁，因为正是她的父亲将她置于险境之中。她对父亲的仇视态度（想要复仇的欲望）在这种情况下被抑制住了，但之后我们会发现，这正成了她第二个梦形成的原因。

根据梦的形成条件，梦里的场景一定是对童年某个场景的重复。就像杜拉一样，如果梦的刺激源与童年的场景相吻合，那么这个刺激源就会发挥不同寻常的作用。杜拉梦境的刺激源是K先生站在她床前叫她起床，而这恰恰是她儿时父亲经常做的事。在这样的条件下，杜拉出现想要让父亲代替K先生这个想法，也就不足为奇了。

但是实际上，父亲在杜拉小时候经常叫醒她，是因为她有尿床的习惯，他这样做是为了不让她把床褥弄湿。“湿”这个字眼对之后的释梦有着决定性的影响，但是它背后隐藏的意义却因梦境而变得模糊，甚至被完全相反的心理暗示压抑住了。

众所周知，“湿”与“水”的反面是“干”与“火”。碰巧的是，他们一家人到达L湖边时，父亲曾经表达过对火灾的担心。这件事情导致杜拉在潜意识里认定，父亲如果要帮助她，就一定得把她从火灾里救出来，基于以上两个原因，“房间失火了，父亲站在床前叫她起床”的情景才会出现。如果杜拉没有把自己的父亲视为救世主或保护者，那么父亲在梦里的作用恐怕不会如此重要。“他从我们到达的一开始，就预知会有危险发生！他说的永远都是对的！”但实际上，也是他亲手把女儿推入了火坑。

“湿”这个字是梦里不同的思想和观点的交集，通过释梦，思想间的联系很容易被挖掘出来。“湿”不仅仅代表着尿床，同时也跟梦境里所隐藏的性诱惑有关。杜拉知道，“湿”同时也是性交过程的一个特点，而且在做爱的过程中男性会射精（滴状的液体）。她还清楚地感知到，这会是危险的来源，所以她需要尽力保护自己，不让自己被人弄“湿”。

“湿”和“滴”（drops）这两个概念，又能同时引申出另外的想法——她对自己白带异常的恶心感。我相信，在她稍微长大之后，白带异常给她带来的困扰和屈辱感并不逊于儿时的尿床。在此情况下，“湿”自然字就和“脏”联系了起来。她那本应该干净清洁的生殖器，被异常的白带给弄脏了——她母亲应该也有相同的想法。此时，杜拉也能理解为何母亲会对家里的整洁与干净如此苛求。

随后，这两种想法汇聚成了一个：母亲的白带异常和做爱时的下体湿润，都是父亲传染给她的。杜拉对母亲产生嫉妒之情，必然是因为她唤起了她儿时对父亲的爱，虽然这份爱是用来抑制自己对 K 先生的感情并保护自己的。

我们暂时还没有分析到杜拉对母亲的嫉妒之情，不过对杜拉而言，如果有段记忆是不带攻击性的，且与“湿”所代表的两种思想都有关，同时还会包含了她对母亲的嫉妒之情，那么，这段记忆就有可能在梦中以某种场景表现出来。

上面描述的这段回忆，就是被装饰过的“滴”(drops，同时也有耳坠的意思)——珠宝，即杜拉母亲想要的那一对耳环。表面上看，这段回忆与性湿润和白带异常只有些不确定的、外在肤浅的联系，来自“滴”（drops）的多重含义。如果把“珠宝”（schmuck）[1]看作“干净”，那么“滴”（drops）必然与“脏”形成了对应。但其实，它们之间最主要的联系还是它们

①schmuck 在德语中，不仅有珠宝的意思。schmuckkastchen（珠宝盒）既可以作为名词也可以作为形容词，作为名词的意思是华丽的衣服和物品的装饰；如果作为形容词，是指干净、漂亮、整洁。

本身的含义。这段关于耳环的回忆，来自于杜拉儿时就有的对母亲的嫉妒，且这感情一直延续至今。用文字做中介，让“耳环”这个字眼也拥有了下列事件所包含的意义：杜拉的父母做爱，母亲的白带异常，母亲对清洁的执念。

但如果想让这些思想在梦中出现，还必须经过一些转化。尽管“滴”（drops）的含义更接近于“湿”，但“珠宝”才是出现在杜拉梦中的元素。所以在杜拉构建的梦中，我们才能发现关于“珠宝”的场景——“母亲想要停下来去抢救她的珠宝”。接下来，由于其他因素的影响，她梦中的“珠宝”变为了“首饰盒”，而这些因素就是杜拉想要屈服于K先生的欲望。K先生从来没有送过杜拉任何珠宝，但是却给了她一个首饰盒。对杜拉来说，这意味着她需要回馈K先生给予她的关怀和宠爱。综合以上所有因素，“首饰盒”才是真正出现在梦中的东西。话说回来，“首饰盒”这个词本身，常常用来形容女性完美纯洁的生殖器。它难道不是一个很纯洁的词吗？所以，这个词不正好可以用来半遮半掩这个梦后所具有的色情含义。

“母亲的首饰盒”在梦中代表了两层不同的意思：其一，是杜拉自童年时期就对母亲产生的嫉妒，这嫉妒代替了耳坠（性交过程中下体的湿润）和白带异常这些想法；其二，与她当时想要顺从K先生有关，她想以身相许报答这个男人给她的爱，但同时对性爱既渴望又害怕。梦中的“首饰盒”不仅仅是思想转化和聚合之后的产物，也是两种不同心理冲突的折中点。它的来源是多方面的——既来自于杜拉儿时，也源自当下——所以，它在梦中才会代表两种不同的意义。

杜拉的这个梦，是对近期发生的重大事件的反应，而且这个事件必然让她回想起了过去的类似经历，即K先生在办公室强吻她，并让她觉得很恶心。不过，这段回忆也与其他想法存在着联系，比如她的白带异常，和她想要屈服于K先生的念头。所以，上述场景也对这个梦起到了一些作用，并完美地嵌入了杜拉的梦中：“起火了……”毫无疑问，K先生的那个吻肯定带着烟味，所以她才会在梦中，甚至是梦醒之后闻到烟味。

不幸的是，由于疏忽，此次释梦还是留下了一些漏洞。杜拉的父亲在梦中说“我是不会……让我和孩子们丧命的”（真正想要表达的意思应该是不想让孩子“手淫致死”）。这种梦中的话语一般源自于生活中自己或别人确实说过的话。我应该仔细询问这句话的出处，这样尽管会增加释梦的复杂性，但同时也能更好地分析整个梦隐藏的意义。

我们是否要确定，在L湖边出现的梦，跟现在出现的这个梦有着一模一样的细节和内容呢？我觉得，没有必要这么做。根据我的经验，人们总会声称自己做了相同的梦，但实际上，这些所谓重复的梦中，有很多细节和一些重要信息并不完全一致。我的一名患者告诉我，她前天晚上又做了一次她最爱的那个梦，而且这个梦永远都以相同的形式出现：她梦到自己在蓝色的大海里游泳，享受海浪与阳光。不过，在进一步分析后我发现，虽然背景是相同的，但其中很多小细节都发生了改变。有一次，她甚至梦见自己在一片结冰了的海域游泳，而且四周全是冰山。这名患者也做了其他的梦，虽然她自己并没有指出，但其实这些梦也与她一直重复的这个梦密切相关。例如有一次，她梦见自己在看一幅黑尔戈兰岛的风景照（与真实物体的比例是 1 ∶ 1）。这个风景照包括了黑尔戈兰的上岛和下岛，中间被一片海域隔开，她在海上看见了一艘船，船上有两个她年轻时候认识的人。

我可以肯定的是，杜拉在治疗过程中重新做的这个梦，虽然内容没有大的改变，但一定被赋予了新的意义。梦中想要隐藏的意念也肯定与我的治疗有关，同时，这也是她对现实生活事件的处理方式，她又有了要逃离危险的念头。如果杜拉的记忆没有偏差，那么她声称在 L 湖边时就注意到梦醒之后的烟味，一定是因为她记住了我经常对她说“无火不生烟”，同时，也从侧面让她想起了K先生双唇的烟味。不可否认，最近出现的新的刺激源——她母亲晚上睡觉时锁上了饭厅的门，所以哥哥也被锁起来了——让她联想到了被K先生骚扰的事情。在L湖边时，当她发现她不能锁上自己的房门时，才下定决心逃离危险。有可能她哥哥并没有出现在她先前的梦中，而经过最近这个事件刺激之后，“我和孩子们”这句话才出现在了梦里。

第二个梦

Dora: An Analysis of a Case of Hysteria

第三章

“钥匙在哪里？”

在第一个梦出现的几周后，杜拉又做了第二个梦，而就在我解析这个梦时，治疗中断了。所以，对于第二个梦的解析，可能无法像第一个梦那样清晰明了，不过，它为我之前提出的一些假设提供了支持。这些假设对了解杜拉的心路历程非常重要，还填补了她的一些记忆空白，使我对她另一症状的来源能够深入洞察。

杜拉对第二个梦的描述如下：我在一个陌生的城市里游荡，那里的街道和广场都很奇怪[①]。随后，我走进一座我曾经住过的房子，并径直走进了我的房间。在那里，我发现母亲写给我的一封信，信上说，由于我不辞而别，她本来不想写信告诉我父亲的病情，“但是他现在去世了，如果你愿意的话[②]，可以回来看看”。于是我便动身去火车站（Bahnhof），但我一路上

① 此处，她后来做了补充，说在广场上看到了一个纪念碑。

② 她后来又补充道：这个“愿意”之后有一个问号。

问了一百多次“火车站在哪里”，每次人们都回答“五分钟就到了”。走着走着，我面前出现一片茂密的森林。走进森林后，我遇见一个陌生的男子，我问了他同样的问题，他回答我说：“大概还要两个半小时[①]。”同时，他还提出要陪我一起走到火车站，但是我拒绝了他的好意，然后独自离开了。后来我看见车站就在我眼前，但我却怎么也无法到达那里。这时，我感到了人们在梦里无法前行时常有的焦虑感。突然，我就出现在了家里，我肯定是在梦中坐上了火车回到了家里，但是我却对这一段旅程一无所知。我走进门厅，询问仆人我们的公寓是哪一栋。仆人为我打开了房门，然后告诉我说，母亲和其他人已经到公墓[②]（Friedhof）了。

这次释梦的过程并不一帆风顺，由于一些特殊情况，我对杜拉的治疗中断了，所以整个梦的解析得并不十分明了，因此，我也不能对得出的结论逐个论证。

首先，我会向大家阐述第二个梦出现时，我与杜拉在治疗中探讨的一些话题。有一段时间，杜拉针对她行为及其背后动

---

① 她后来改口说是两个小时。

② 对于这一点，她在后来的治疗中补充道：“我清晰地看见自己走上楼梯。”“仆人回答我之后，我走进房间，但却没感到悲伤，并且开始读一本放在我书桌上的很厚的书。”

机之间的关系提出了很多疑问。其中一个问题便是:“为什么在湖畔事件发生后的几天中,我什么都没说?”接下来她又问道:“为什么我又会突然决定告诉父母这件事?”不过在我看来,她更需要搞清楚的,则是为何K先生的求爱给她带来了深深的伤害,特别是在我知道K先生自认为这一举动并不是个轻率的决定后。我认为,她告诉自己父母这件事,是出于她扭曲的报复心,因为一个正常的女孩面对这种事情时,通常会选择自己处理。现在,我可以开始陈述在释梦过程中所挖掘出的杜拉的想法了,不过,因为这份分析并不完整,我只能杂乱地叙述我记忆中能够想到的内容。

“我在一个陌生的城市游荡,看到了一些街道和广场。”当我提问这是不是B镇时,杜拉明确地否认了,而且告诉我,这是一个她从来没有去过的城市。所以我自然而然地想到,她梦中的这个城市是不是源于她在某处看到的一幅画或者照片。听完我的假设后,她补充道,在梦中的广场上,她看到了一座纪念碑,她曾经在别处见过类似的东西。在圣诞节前后,杜拉收到了一本从德国某个疗养院里寄来的图册,里面有很多关于那个城市的照片;而且就在她做梦的前一天,她还把这本图册拿给几位来访的亲戚看过。那个图册存放在一个专门放置相片的盒子里，杜拉一时没找到，还因此询问过母亲："你知道那个盒子在哪儿吗[1]？"那本图册的其中一幅就是一个有着纪念碑的广场。这个礼物是一位年轻工程师送给她的，她曾在父亲公司所在的城市与他有一面之缘。这个年轻人为了尽快事业有成，在德国找了一份工作。他一有机会就会给杜拉寄礼物，以便让杜拉感受到他的存在。显然，他计划未来出人头地后，再回来娶杜拉为妻。但这需要时间，同时也需要等待。

"在陌生的城市游荡"是由多重因素决定的，可以追溯到做这个梦的前天。那天杜拉的表弟到她们家做客，于是杜拉带着他在维也纳参观。这件事情本身无足轻重，但是表弟的到访，让她想到自己第一次去德累斯顿（Dresden，德国城市）参观时的情景。那时，所有的一切都是陌生的。她四处游荡，并且参观了当地著名的美术馆。当时同行的一个表兄弟对德累斯顿很是熟悉，于是提出在美术馆里充当杜拉的向导，杜拉谢绝，并独自离开了。她在自己喜欢的《西斯廷圣母》前停留了很久，足足站了两个小时。当我问她，为什么这幅画如此吸引她时，她支支吾吾，没能给出确切的答案。但最后她说了一

① 这个问题跟她在梦里的问题"火车站在哪儿"非常相似，所以我做出了一个推论，接下来我会试图验证它。

句：“是因为圣母马利亚。”

毫无疑问，这些联想一定是她形成这个梦的因素，而且其中一些场景和话语在梦中得以重现（“她谢绝后便独自前行”还有“两个小时”）。我立刻指出，“画”这个字眼，是她梦里联系两种思想的关键点（画册里面的画，还有在德累斯顿画廊里的画）。在接下来的分析中，我也会解释“圣母马利亚——处女母亲”在杜拉梦中所象征的含义。不过在这个梦中，最明显的一点是，在梦一开始时，杜拉把自己当成了一位年轻男性。这个男孩在陌生的城市游荡，他努力地想要达成目标，但却一直受阻，需要耐心，还需要等待。如果梦中这个男孩就是那位年轻工程师，那么就意味着，他想要达成的目标是占有一个女人——也就是杜拉自己。不过在梦里，他的目标变成了一个车站。即便如此，根据梦境和现实中杜拉的一些想法，让我们不得不用“盒子”来代替“车站”[①]。盒子和女性：这个思路越来越清晰了。

“她问了一百多次……”这个描述可以追溯到另一个做梦的诱因，而且这个诱因相较第一个来说更加重要。在他们一家

① 杜拉用“schachtel”（盒子，老太婆）来代替“box”（盒子），前者带有对女性歧视的意思。

人聚会的前一晚，父亲让杜拉给他拿一瓶白兰地，因为他不喝酒的话就睡不着。所以，杜拉去找母亲拿橱柜的钥匙，但当时母亲正在和别人热烈地交谈，并没有听见女儿在叫她。后来杜拉失去了耐心，并用夸张的语气喊道："我已经问了你一百多次了，钥匙在哪里？"实际上，她只重复了五次左右而已[①]。

"钥匙在哪里？"其实是"盒子在哪里[②]？"的反面，这两个问题都是在询问生殖器，并且都是由男性视角提出的。

杜拉继续讲道，在那一次家庭聚会中，某个人在喝酒时说了一套祝酒词，希望她的父亲能健康快乐、长命百岁，这时，她注意到父亲疲惫的面庞忽然颤抖了一下，杜拉顿时明白了说祝词的人内心被压抑住的真实想法——可怜的人啊！谁知道他还剩下多少时间呢？

这就让我们联想到了梦中母亲的那封信，信上说杜拉选择离家出走，而在这段时间父亲病逝了。我提醒杜拉，她曾经也给自己的父母写过一封遗书，或者说是为了达到自己某种愿

---

① 在梦中，"五"这个数字是在五分钟的时候提及的。我在《梦的解析》一书中，曾经有举例分析数字在梦中代表的意义。我们发现，它们一般都是从原本场景中抽离出来，然后嵌入到新的场景中的。

② 见第一个梦。

望，而故意写了那封信。她写信的目的是为了恐吓父亲，想让他与K夫人断绝联系；就算父亲不遂她的心愿，这封信也可以成为对他的一种惩罚。此时，我们需要思考的是她的死亡和她父亲的死亡（例如之后梦中提到的葬礼）。如果我们就此假设，杜拉这个梦的基础是她围绕报复父亲展开的幻想，这个观点会不会让分析走向歧途？杜拉提到，她对父亲晚上必须喝酒才能睡着这件事[①]，产生了怜悯，而这怜悯与刚提出的假设密不可分。在梦里，杜拉选择离开家，并且与陌生人为伍，她父亲为此悲痛欲绝，而且非常思念她，此时，她就可以开始她的复仇计划了。杜拉非常清楚父亲有睡前饮酒的习惯，在之后的释梦中，我会对杜拉想要复仇的想法进行单独分析。

除了复仇，信中还包含着杜拉的其他想法，这就需要进行更深地研究与分析了。“如果你想回来的话……”这句话的来源是哪里？此时，杜拉补充说明到信中“想要”这个词后面有一个问号。随后，她便想到这些文字与K夫人曾经寄来的一封信上的文字一模一样。而K夫人的那封信就是为了邀请他们一

① 性交是最佳的催眠术，因为大多数失眠都是因为无法得到性满足而引起的。杜拉的父亲无法入睡，是因为性欲不能得到满足（对比下面的这句话：“我从我妻子那儿什么都得不到。”）

家人去 L 湖边度假——也就是 K 先生向杜拉求爱的那个湖边。在那封信上，问号出现的位置很不寻常，它被插入了句子中间："如果你们想？来的话。"

为什么要报复父母

现在，我们可以回过头来看看湖畔事件以及与它相关的一些问题。我让杜拉把湖畔事件详细地讲给我听。起初，她说自己记不清楚了，没办法提供什么新的细节。她说 K 先生开始讲话的时候非常认真，但是她在他话还没说完时，就打断了他，因为她已经明白了他话中的重点，于是马上扇了他一耳光，然后逃开了。我问杜拉，你还记得他的原话是什么吗？她说，只记得他有这样一句辩解："你知道，我从我妻子那儿什么都得不到[①]。"这件事发生后，为了不再见到 K 先生，杜拉想要走路回到 L 城。在她寻找道路时遇到了一个男人，她问对方这里距离 L 城有多远，那个人回答："两个半小时。"于是她只能打消

① 这句话让我们可以解决一些问题。

自己走回去的念头，继而回到船上。上船不久，船就开了。K先生当时也在那艘船上，于是他便找到杜拉，希望得到她的原谅，并请求她守口如瓶，但当时杜拉并没给他任何回应。梦中的那片森林，正是L湖边的那片森林，她刚刚描述的K先生向她求爱的一幕，在梦中又重新发生了。而在做梦的前一天，她在维也纳分离派展览馆里，正好也在画上看见了一片同样茂密的树林——在那幅画的背景中，还有希腊神话中的宁芙女神[①]。

这样一来，我的某个猜测也被验证了，那就是"车站"[②]（Bahnhof）还有"葬礼"（Friedhof）这两个词对于女性性器官的象征意义，除此之外，它们的拼写让我不由自主地想到了另一个词"前庭"（Vorhof）—— 这是一个解剖学上针对女性生殖器的特称。我的这个猜测，在之前听来像是一个笑话，但是现在，我找到了证明它的依据。那幅画——在茂密森林中隐约可以看见宁芙仙女，还有那些词——都是对性爱的象征意义！

---

① 这是治疗中第三次出现"图片"（前两次分别是城镇风景照和德累斯顿展览上的图片），但是这一次的联想更有意义。图片（中的森林和少女）这个单词"bild"被"weibsbild"代替，而后面这个说法对女性有点蔑视的态度。

② 车站用作"verkehr"（交通）带有性交的意味，所以很多恐惧坐火车的人，其实也有神经症的嫌疑。

从事医学的人（就算医生也不常用）都知道，“宁芙仙女”[①]是用来称呼小阴唇的，也就是隐藏在茂密森林（阴毛）后面的器官。但是任何一个使用“宁芙仙女”或者“制造”这类专业名词的人，一定是从解剖学书籍或百科全书之类的专业书籍中看到了类似形容，并非那些流行的大众读物，而年轻人想要了解性知识时，都会参考前者。如果我的推测是正确的，那么梦里一开始隐藏的想法，就是对性爱的幻想，代表着一个男人想要进入女性生殖器的欲望[②]。

我告诉了杜拉我分析之后得出的结论。想必这个结论对她产生了强烈的触动，因为她立刻就想起了一个被遗忘的梦境片段：“她平静地[③]走进她的房间，开始阅读一本放在书桌上的很

① 在德语中“Nymphen”同时指代“nymphs”和“nymphae”。

② 想要失身的愿望，是梦境的第二个组成部分，在梦中她感到无法前进，而且莫名的紧张，这些都意味着她担忧自己将要失去贞操——这一点通过《西斯廷圣母》这幅画也能表达出来。这种思想为杜拉想要跟德国那个追求她的小伙子发生关系（她还不自知）的欲望打下了基础。她梦中的第一个部分是复仇，而且跟第二部分不完全相同。接下来我们会挖掘她做梦的第三层意义。

③ 她第一次对我描述并不是“平静地”而是“一点儿也不悲伤”，这个能佐证我《梦的解析》中另一个论点。那些一开始被遗忘，后来又被记起的梦的场景，是解析中最重要的部分。同时我还得出以下结论：梦的遗忘一定是内心抵抗的一种表现。

厚的书。”这个片段的重点在于两个细节，分别是“平静地”和与“书”有关的形容词“厚”。我问杜拉，这本书是不是像百科全书一样，她给予了我肯定的回答。一个青少年在阅读百科全书里与性有关的话题时，是绝对不会感到平静的。他们会觉得提心吊胆，不停地回头张望，注意观察四周是否有人经过。如果父母发现自己的孩子在看这一类的东西，也一定会阻止他们。但是，梦的出现正在于实现人们的欲望，所以在杜拉的梦中，她阅读此类书籍的紧张感大大降低了，甚至能够平静地阅读。杜拉的父亲去世了，而其他人也去了墓地，她可以安安静静地看自己想看的任何书籍，这难道不意味着，杜拉想要报复父母的动机之一，就是为了摆脱他们的束缚吗？只要父亲去世，她就可以做任何她想做的事，看任何她想看的书了。

腹部疼痛与跛足：少女怀孕的幻想

起初，杜拉不承认自己曾经在百科全书里翻看过类似的内容，不过后来她还是坦言，自己偶尔做过类似的事。当她最喜欢的姑妈病情恶化的时候，杜拉也正准备前往维也纳看望她。

另一个叔叔来信说，他们一家人去不了维也纳了，因为他的孩子，也就是杜拉的表弟患上了非常严重的阑尾炎。于是，她就在百科全书上查看阑尾炎的一些症状，她到今天还记得书中所记载的腹部疼痛等描述。

我记得，在杜拉的姑妈去世后不久，她出现了一些腹部疼痛的症状，当时被诊断为阑尾炎。那时我还没意识到，这居然是她歇斯底里症的一种表现。她告诉我，当时她连续发了几天的高烧，而且伴随着腹部的疼痛（就是她在百科全书中读到的部位）。她虽然进行了冷敷处理，但还是疼得难以忍受。第二天，她的月经就来了，同时伴以剧烈的疼痛（她的身体状况一直不太好，月经非常不规律）。那段时间，她还总是便秘。

虽然确实存在由歇斯底里症引起发烧的情况，但我们不能完全把这个症状当作此病的表现，而不考虑是否是其他器质性病变或者细菌感染，这样未免太过轻率。当我快要放弃这个想法的时候，杜拉向我提供了梦境的另一个细节："她清楚地看见自己走上一个楼梯。"

我随即询问她，她梦中出现这个场景，是不是包含了一些特殊的含义？她否定了我的推测，并说，如果想要进入她的房间，无论如何都是要上楼的，因为她的房间不在一楼。不过这个解释可以被轻易推翻的（无须严肃或刻意），因为，她在梦中完全不记得自己是如何从一个陌生城市乘火车到达维也纳的，那么她应该对自己上楼的事情也毫无印象。然后，杜拉继续讲述在她患上阑尾炎之后，只能跛着右脚走路。这个情况持续了很久，而同时她也体会了自己不能随时上楼下楼的感觉。她跛脚的问题，直至现在还会时不时发生。当时她迫于父亲的意愿去看一位医生，对方对她阑尾炎造成的后遗症深感惊讶。因为一般来说，在阑尾炎治疗之后，会产生复发性疼痛的症状，但这个症状在杜拉身上完全没有出现，反而出现了跛脚的情况①。

这是一个真正的歇斯底里症表现。她的高烧有可能是因为身体原因——可能是受到某种流感病毒的影响。但是显然，她神经质的体质抓住了这次机会，并利用它表达了一些被杜拉隐藏起来的诉求。因此，杜拉让自己患上一个她曾经在百科全书里看到的疾病，这也是为了惩罚自己太沉醉于此书。但她同时也意识到，自己不可能仅仅因为看过一篇关于阑尾炎的文章而

① 我们必须承认“卵巢神经痛”的腹痛和同侧腿部之间的运动失常存在某种联系。而且在杜拉的病例中，这种联系被披上了独特的心理外衣。读者可以参考我分析她咳嗽、白带、食欲不振时所做的分析。

惩罚自己，这其中一定发生了置换反应。也就是说，她曾看到过一些不该看到的读物，并为此感到羞愧，这两个类似的情景在她心中产生了某种关联，而且那个让她感到羞愧的场景，一定是隐藏在阅读阑尾炎的背后。甚至，我们有机会挖出那篇引发她羞愧的文章写了什么内容[①]。

那么，杜拉模仿阑尾炎病症到底有什么意义呢？她的一些后遗症，比如说跛脚，与阑尾炎的病症完全不吻合，这个反应应该代表了一些与性有关的隐秘意义，而搞清这些症状，将帮我们阐明我们正在分析的问题。我寻找着解答困惑的方法。我发现，杜拉在梦中给出了几个时间点——毫无疑问，时间点对于生病这种事情是非常重要的。于是我问杜拉，她的阑尾炎是什么时候开始的？是在湖边那一幕之前，还是之后？她迅速作答，而这个答案也打破了分析进程中的僵局："在那九个月之后。"这个时间点非常有意义，她幻想自己患有阑尾炎只是她对分娩（疼痛和月经）最含蓄的表达[②]。杜拉肯定知道这个时间点的意义，并且可以肯定的是，她一定在百科全书上阅读了

---

①这是一个刺激因素与性无关的典型例子。

②大多数歇斯底里症患者在完全发病之后，会产生性幻想的场景：性交、怀孕、分娩等。

有关怀孕和分娩的内容。但是这一切，跟她的跛脚有什么关系呢？现在，我要进行一个大胆的猜测，既然跛脚代表人们扭伤之后走路的样子，也就意味着，她认为“失足”了：如果在湖畔事件发生的九个月之后，她产下一个孩子的话，那确实算得上“失足”行为了。但我还需要强调的是，患者如果出现这种情况，必然是受到自己婴幼儿时期的影响。根据我多年以来的从医经验，仅凭一个人较晚期出现的经历或记忆，是不足以使他们患病的。我不敢向杜拉求证她在童年时期是否发生过类似的事情，因为我还不能保证我所持的观点适用于所有患者，虽然我内心里确实这样期望。不久之后，杜拉主动提供了证据。杜拉承认，她右脚在小时候曾被扭伤过，起因是她在下楼梯的时候失足滑倒。那只脚——后来崴到的那只——肿了起来，包扎了绷带，所以，她必须几个星期都卧床休息。这件事就发生在她 8 岁那年患上神经性咳嗽不久之前。

接下来，我向她描绘了她的整个幻想：“如果在湖畔事件发生九个月之后，你真的生下了一个孩子，那这一天就成了你承受‘失足’后果的日子。在你的潜意识里，你肯定非常后悔当时在湖边做出的决定，换句话说，你的潜意识篡改了当时发生的事件[①]。在你幻想生小孩的背后，意味着那天在湖边一定发生了某些事，你一定经历了你从百科全书中看到的、生小孩之前必备的那一套流程。你对K先生的感情并没有因为湖畔事件而停止，反而（正如我认为的）延续到了今天——只是你没有意识到罢了。”杜拉听后，没有再反驳我[②]。

---

①失身幻想的对象即是K先生，我们同时可明白为何这部分梦境的材料来自于湖边——拒绝、两个半小时、森林、邀请函。

②下面，我将对已知的这些信息做一些补充分析。画中的“圣母马利亚”明显是杜拉自己，我得出这个结论的原因有几点：第一，送给她一幅画册的是她的一位爱慕者；第二，她还因为自己对K氏夫妇的孩子非常慈爱而获得了K先生的钦慕；最后，她还是处女，但却产生了分娩的幻想（直接来自儿童时期的幻想）。而且一般来说，被有关性方面想法折磨而背负着愧疚感的女孩，都会产生“圣母马利亚”这种相反的想法——杜拉也是一样。我最初发现这两种想法之间存在联系，是当我在大学的心理咨询室工作时，遇到过一个产生幻觉的精神疾病患者。她发病的过程非常迅速，后来发现这是为了抗议她未婚夫对她指责的一种反应。如果我们与杜拉的治疗持续下去，可能会发现杜拉渴望生孩子这个愿望，是影响她行为的一个模糊但强大的原动力。她后来提出的很多问题，似乎都是因为翻阅了百科全书中有关性方面的内容，而衍生出来的。她在书中读到的应该就是怀孕、分娩、处女之类的篇章。在叙述她的梦境时，杜拉忘记了梦中的一个问题：“××先生住在这儿吗？”还是“××先生住在哪里？”她忘记这种看起来无足轻重的细节，一定有什么理由，而且她根本没有理由把这样的问题带入梦中。我认为，她忘记这个问题是因为自己的姓氏。她的姓是一个模棱两可的词语，指代了多种物体。不过我不能公开她

我们在治疗中花费了两个小时，用来解释第二个梦。在治疗结束时，我对治疗结果表示满意，但是杜拉却口气鄙夷地说："怎么，有什么新的重大发现吗？"她的这些话，让我觉得可能有什么事情要发生。

突然中断的治疗

果然，在下一次治疗的一开始，杜拉就说："你知道今天是我们最后一次治疗了吗？"

"你从来没跟我提过，我怎么可能知道呢。"

的姓，所以不能让大家理解到她的名字究竟是如何做到这一点的。而且梦中的其他场景，也间接证明了我的这个分析，这个场景是源自杜拉姑妈去世时的材料（"他们已经到墓地去了"），因为那时，也有一个关于她姑妈名字类似的戏法。这种不恰当的词语的使用，正向我们展示了她的这种知识应该是通过别人口头讲述才知道的，不可能来自百科全书。这一切都来自于K夫人——杜拉的诽谤者——的口述，我对此并没有觉得很惊讶。也正是这样，杜拉才能原谅K夫人，而去打击报复其他人。这些无休止的置换作用背后，隐藏的是杜拉对K夫人的同性之爱。

“是的，本来我打算一直到新年[1]都接受治疗，但现在我不想等了。”

“你有权力随时终止治疗，但是今天，我们的治疗还是要继续。你是什么时候做了这个决定？”

“大约两周前。”

“这听起来像是一个仆人或家庭教师会说的话——提前两周递交辞呈。”

“我去L湖边之前，K家的家庭教师确实提出了辞呈。”

“真的？你从来没有提起过这件事，不然现在说说看。”

“他们家里有一个年轻女孩，是孩子们的家庭教师，她对待K先生的态度非常奇怪。她从来不向他问好，也不回答他的话，甚至在吃饭的时候也不会把餐具递给他。总的来说，K先生在她眼里就好像不存在一般。因此，K先生对她也没有什么好感。在湖畔事件情发生的前一晚，这个女孩把我拉到一边，说想告诉我一些事。她告诉我，K先生曾有一次趁着自己的妻子出去旅行时强暴了她，还对她说‘你知道，我从妻子那儿什么都得不到’这一类的话。”

---

① 指12月31日。

“这就是当时在湖边他对你说了同样的话后，你给了他一耳光的原因吗？”

“是的，但是那个家庭教师却向他屈服了。只是没过多久，K 先生就不再照顾她，也就是从那时开始，她开始憎恨K 先生。”

“所以这个家庭教师辞职了？”

“没有，她只是虚张声势，当她发现K 先生对她爱答不理后，便立刻将整件事跟自己的家人讲了。她的父母在德国很有身份地位，他们想让她马上离开K 家。但是她却并不打算真的辞职，所以，她的父母给她写信说要和她断绝一切关系，而她也确实没回家。”

“那她为什么不辞职呢？”

“她说她还想再等等看，她期待K 先生的态度会发生一些转变。如果他还是一直对她不理不睬的话，那么她就会递交辞呈。”

“她后来怎么样了呢？”

“我只知道她离开了。”

“她并没有因为那一次的经历而怀孕吧？”

“没有。”

在治疗中又出现的新信息，可以帮助我们解决之前的问题，现在我有信心对杜拉说："我终于知道K先生向你求爱时，你为什么会给他一耳光了。你并非因为他的这个提议而感到愤怒，而是出于嫉妒的报复。当家庭教师告诉你她的遭遇后，你还暂时能够控制自己的情绪。但当K先生说出'我从妻子那儿什么也得不到'——他对家庭教师也说了一模一样的话——的那个瞬间，你便压抑不住你的情绪了。你对自己说：'他怎么敢像对待一个家庭教师一样对待我？'受伤的自尊心和嫉妒之情，再加上人类的本能，让你已经无法承受更多[①]。为了向你证明家庭教师的事情对你的影响有多么大，且让我提醒你，不管在梦中还是现实，你都模仿了她的行为。你告诉父母发生在湖边的事——之前我们一直不知道原因——只是因为那个家庭教师也曾写信对父母讲述了这件事。你提前两周决定停止在我这里治疗，就像家庭教师提前两周申请辞职一样。在梦中的那封信上表明，你是自己选择的离家出走，其实，这正好与家庭教师父母寄来的家书内容相反。"

"那为什么我没有直接告诉父母呢？"

---

① 这并不是一件小事，因为杜拉也听到父亲这样埋怨过妻子，她很明白这句话的意思。

“你隔了多长时间才告诉他们的呢？”

“湖畔事件发生在六月的最后一天，我跟母亲讲这件事是在7月14号。”

“所以，又是两周——服务业人员专有的时间。现在我可以回答你的问题了。你非常理解那个可怜的家庭教师，她在事情发生之后没有立即辞职，是因为她心里还抱有一丝期待。她期待着K先生能够回心转意，这同样也是你当时的心态。你等待的那段时间，是你在给K先生机会，想看看他是否还会再一次向你求爱。如果他真的这样做了，你就会觉得他的举动是认真的，并不是像他和家庭教师一样，只是一时兴起。”

“在我离开几天之后，他给我寄了一张明信片[①]。”

“是的，但是除了这个之外，他也再没有其他表示了，所以你想要报复他的想法才浮现出来。我甚至可以想象，你当时应该有理由随便换一个房间，这样你的指控就可以让K先生来到你的住所。”

杜拉打断了我的话：“他一开始确实提出过这样的建议。”

“这样你就可以满足自己对他的渴望。”——这时，发生了

---

① 这一点和年轻的工程师有关，在杜拉梦中的第一个场景，他是杜拉所扮演的那个男孩。

我万万没有想到的事，杜拉居然默默地点头了——“而且他有可能想要补偿你。”

“什么补偿？”

“事实上，我怀疑你对K先生的爱意比你自己能够承认的要深得多。K先生经常提起他想要离婚吗？”

“当然了。开始时，K夫人因为孩子的原因并不愿意跟他离婚。现在她倒是想离婚了，但是他却变得闭口不提。”

“你难道没有想过，他想要跟他妻子离婚是为了能够跟你结婚吗？而他现在再也不提离婚的事，是因为他没有找到一个可以代替他妻子的人。当然，我知道两年前你还非常年轻，但你自己也告诉过我，你母亲是在17岁的时候订婚的，然后过了两年才正式结婚。所以，你其实也想要等K先生，并且认为他是在等待你成年之后，可以名正言顺地娶你为妻[①]。我觉得我所描绘的这幅蓝图，对你来说应该非常重要。你不敢确定K先生是否也有一样的打算，但根据你的描述[②]，我能够

---

①等待实现自己的梦想是这个梦境的第一个组成部分。并且我还发现，期待自己有一个未婚夫这个愿望也存在于这一部分，而且我也已经对此做出了分析。

②特别是一年前，当他们住在B镇时，他把一个袖珍信件夹作圣诞礼物送给杜拉时说的一番话。

推测出他应该也有类似的想法，他在湖边的举动也并没有违背他的初衷。不过毕竟你没有听他把话说完，所以你不知道他到底要对你说什么。顺带一提，这个蓝图也并不是不可能实现的。至于父亲与K夫人之间的关系，你唯一支持他们保持关系的原因，就是K夫人会答应与K先生离婚，你就可以从父亲那里获取你想要的一切。的确，如果你在L湖边做了一个完全相反的决定，你跟K先生结婚将是解决这些事情的唯一方式，这也是为何你对自己的决定如此后悔的原因。所以为了实现你的幻想，在湖畔事件发生九个月之后，你出现了阑尾炎的症状。当你指控K先生对你无礼的时候，你一定以为他会重提对你的爱意，但是他却否认了，甚至转头诽谤你，他的所作所为让你的幻想破灭了。你也承认，最令你生气的一件事，莫过于有人说湖畔事件完全是你编造出来的。现在我知道了——这也是你一直不愿意记起的——你确实幻想过K先生的求爱是认真的，幻想过他在你答应他的求爱之前，不会因为任何困难而退缩。”

这次，杜拉没有像平时一样反驳我的分析，而是安静地听完了我的整段话。她好像被打动了，随后她真诚地跟我道别，并祝愿我新年快乐，然后，再也没出现过。

她的父亲，在治疗结束之后还给我打了两三个电话，保证他的女儿还会回来继续治疗，而且还说他能明显看出杜拉也非常想继续进行治疗。但是必须承认，杜拉的父亲并不是一个坦率的人。他想要杜拉来进行治疗，是因为他期待我能说服他的女儿，让她相信他跟 K 夫人之间是清白的。当他发现我的治疗方向并不如他所愿时，他对治疗的热情也消失了。我知道，杜拉绝对不会再回来了。

就在我肯定了我们的治疗成果并且期待有新的进展时，她唐突地提出想要结束治疗，她的决定将我治疗的热情和希望都打破了——这一定也是她的一个复仇手段，她自残的目的同样是为了复仇。没有人能够像我一样，在与心中那个尚未被驯服的恶魔搏斗之后，还能安然走出。如果我单方面做出努力，杜拉可能会留下继续治疗；如果我向她夸大说，她的治疗会对我产生深远的影响，而且表现出对她非常感兴趣的样子，那么除了作为她的治疗师，我是不是也会变成一个她深爱的对象？我不知道这样做是否明智，因为在每个案例中，总会遇到一些原因不明的阻抗，一直以来，我都会避免主动做出努力，我也对自己在心理咨询中能够这样做而感到满意。从理论上说，作为一名医生就应该努力救人，但是在心理治疗中，我清楚地明白与患者需要保持一定的界限，因此，我会更加尊重患者的意愿。

如果我告诉 K 先生，杜拉给他的一耳光并不是对他求爱的拒绝，而是因为嫉妒所致，她对他其实还是怀有满满的爱意，我不知道他是否会因此发生些改变。如果他能够忽略第一次被拒绝的事，依然继续热烈地追求她，也许最终杜拉对他的爱意能够战胜她内心的纠结。但我认为，K 先生这样的行为也有可能会激化杜拉想要报复的心理。在如此纠结的内心冲突中，我们很难预测 K 先生的行为会让杜拉心中的天平往哪一方倾斜：是释放她内心压抑的情感，还是更加抑制。

神经症患者的一个特征，就是无力满足自己真正的性需求，如果他们在幻想中想要达到的愿望，真的在现实生活中实现了，他们反而会选择逃离；同时，他们会很容易沉浸在自己的幻想中，因为这样一来，他们就再也不用担心自己渴望的东西是否真的实现。

如果现实世界中的某些事件能够激起神经症患者强烈的情感反应，那么他们抑制的感情是有可能爆发出来的。但我们并没有一个固定方法，可以用来估算出什么人或者什么事情能够发挥出这样的作用[1]。

---

①虽然不能完整地解释这个梦，但我还是想要对它做一些补充说明。梦中最明显的一个想法是杜拉对父亲的复仇。这个想法如此强大，以至于它已经掩盖梦的其他含义（她选择离家出走，父亲患病离世，后来她回家，所有人都到了墓地，她一点儿也不悲伤，而是平静地开始阅读百科全书），其实这些材料也暗藏了她另外两个报复的愿望，而且她也确实做出了其中一个，她给父母留下的那封遗书，是她报复计划的一部分（梦中母亲的来信，还有那个她视为楷模的姑妈的葬礼）。在这些幻想背后，还隐藏着她想要报复K先生的愿望。而且由于移情的作用，她把我当作了K先生，所以放弃治疗也是对K先生的一种报复行为。（女仆、邀请、树林、两个半小时——这些都是在L湖边发生的事情）她与家庭教师之间的关系还有她与父母的书信往来，这些都可以和她的遗书还有梦中母亲寄来的信扯上联系。她拒绝了别人的陪伴，而想要独自前行，这可以理解为："既然你待我如女仆，那我也不会再理你了，我要独自上楼，不嫁给你。"但从一些蛛丝马迹中，我们也可以发现杜拉隐藏起来的对K先生的爱意（我会一直等你，成为你的妻子——失身，分娩）。最后我们也可以发现梦境的第四层含义，也就是她对K夫人的同性之爱。她在梦中把自己假想成一个男孩（她认为自己是那个德国的工程师小伙），而且在梦中还有两处模棱两可的说法（"××先生住在这吗？"），这些都暗示了她有关性方面知识的来源——这个梦中，残酷和虐待的倾向都得到了满足。

后记

在一开始我就已经说过，本书只是释梦的一个片段而已，但相信读者会发现，这个案例不完整的程度，远远超过了读者根据标题所作的推测。因此，我需要对这些缺失做一些解释——出现这些缺失并不是偶然。

在治疗被中断之后，一些分析结果缺乏确凿的证据，一些还需要进一步研究，所以，本案例中很多分析结果都没有呈现出来。然而在条件允许的地方，我已经指出了一些特殊情况以及它们的研究指向。在本书中，我完全没有描述精神分析技术层面的问题，因为它们本身并不重要。但是我们确实能够通过这些技术手段，来提取出患者潜意识中被压抑的思想。但是这同时也有一个缺点，那就是读者不能验证我分析该案例中所采取的每个步骤的正确性。然而我认为，如果想要在一篇文章里同时兼顾精神分析的手段与歇斯底里症的结构，是不可能的。如果我真的这样做了，这样的出版刊物也没有任何研读的价值了。精神分析或者释梦的手段，都需要一个完全独立的环境来进行。例如，我们需要筛选大量的样本，然后从中选取合适的案例来进行举例，这种情况下，想要将每一个案例的最终分析结果完整地呈现出来是不可能的。在本书的案例分析中，我也没有试图去验证我做出过的一些关于心理学的假设，因为如果对这些理论进行肤浅的论证，是无法达到我期待的效果的。我只能向本书的读者保证，我仅仅是通过观察现象而进行了神经症研究，并未套用任何心理学体系；在分析过程中，我也不断地调整我的观点，直到它们能够解释那些观察到的现象。我所有的假设，都是基于最广泛、最细致的证据，我为自己从不做毫无根据的推测而感到自豪。我对潜意识思想的这种执着态度，可能会招来很多非议，因为我研究的所有有关潜意识的话题，例如潜意识思想、潜意识冲动等，对心理学研究所做出的贡献，并不亚于意识方面的研究课题。无论哲学家如何反对，我都始终认为：任何一个使用同样方法研究相同问题的人，最终都会和我持有相同的立场。

我的一些同行认为，我的歇斯底里症理论纯属于心理学理论范畴，并以此认为，这个理论不能解决实际生活中的病理问题。他们通过本书应该知道，他们错把我所运用的精神分析手段当作了理论。精神分析手段当然要基于心理学理论，但是我的歇斯底里症理论，却明确指出器质性病变必然是歇斯底里症的诱因——尽管我对于那些我们尚不能完全理解的化学反应或变化，只是使用了功能性病变作为解释，并没有从病理解剖学上对此做进一步论证。我想，没有人会否认官能因素会影响人的性功能，而我则将性功能视为歇斯底里症甚至是所有神经症的基础。我怀疑任何理论都无法保证，世界上一定不存在激发人们性欲的物质。而且，在所有临床医学的病例中，与心理疾病最为相似的，是那些因为使用慢性毒物导致的中毒或戒欲现象。

在本书中，我并没有详细地讨论“心身疾病”、婴儿期变态基因、性欲带和双性恋倾向等话题。除非在分析过程中，表现症状确实涉及了官能性因素，我才会提及这类话题。凭借单一的案例能够做出这样的解释，已经实属不易，正因此，我也没有对这些因素进行更深入研究。日后，我有很多机会通过不同案例来对这些理论进行验证和分析。

虽然作为一本出版物，本书中的分析还不够完整，但我还是想说明两点。首先，我希望能够通过本书对《梦的解析》做一个补充，并且向大家展示如何将一个貌似并不实用的技术运用得当，从而挖掘出人们心中压抑的欲望（顺带一提，在本书中解析两个梦时，类似精神分析法的释梦方法派上了用场）。其次，我希望激发大家对某些现象的好奇心，这些现象暂时被科学所忽略，所以只能采用特殊的方法进行分析。我相信，没人能了解歇斯底里症患者的心路历程和心理复杂性——比如两个毫不相关的心理倾向如何完美共存，两个互相冲突的意念如何相互依存，还有各种抑制和转化作用等。珍妮特（Janet）曾经说过，将“偏执的思想”转化为病症是一个不太具有说服力的概念。我们必须假设，当刺激人们的某个因素不能进入意识层面时，它的作用一定会通过另一个器官表现出来；而且，人们会在自己的意识层面里找到一个合适的理由，来解释这个相对“正常”的病症。当我们想到这一点，就能够理解为什么心理治疗需要把人们压抑在潜意识里的思想挖掘出来。

通过本书，我还想解释一点，性并不是神来之笔，在某一特定场合突然出现，然后就能与歇斯底里症相互吻合，并互相促进发展。准确地说，性是所有歇斯底里症患病动机和症状表现的基础，并且与所有的病症表现有关。一个患者的病症，其实就是他性生活形式的体现。当然，一个单独的案例并不足以证明此结论，但我只能一再重复——为了我最终能有所发现——性是打开所有心理疾病和神经症难题大门的钥匙。任何忽视这个问题的人，都不可能解决心理疾病。我还在等待一些研究结果来反驳该理论，或至少缩小它的应用范围。但迄今为止，我听到的质疑声只不过是来自反对者自己的喜恶。对此，我只能用沙可的一句话来回答："人类无法让已经存在的事物消失。"

在本书中，我只发表了一个案例及它的一些治疗片段，这并不能将心理治疗的价值真正体现出来。这不仅仅是因为该案例治疗的时间比较短（还不到三个月），还因为这个案例的一些内在因素，阻碍了患者病情好转，这也让此案例中的患者和家属不愿承认病情有了好转的趋势。对心理治疗来说，如果到治疗最后，患者的症状只跟他们的性冲动有关，那么就可以认定治疗成功。在成功的治疗中我们可以发现，患者的病情会按比例地好转，这是因为他的心理冲突被转化为了意识层面的、被人理解的想法。但当病症被外在的动机所利用时，情况就会不太一样，就像杜拉在近两年所经历的事情一般。有的时候，我们可能会惊讶于治疗尽管取得了很大的进步，但是患者的病情却并没有好转。实际上，情况并不像想象的那么坏。只要治疗还在进行，患者的病情就不会消失。当治疗结束一段时间之后，患者和心理咨询师之间的关系不存在时，病情才会慢慢消失。所以，这种拖延的好转或痊愈，是由于咨询师本身这个角色导致的。

为了阐述得更清楚，我现在需要回溯一下。可以说，在心理治疗的过程中，患者不会出现新的身心症状，但是神经症的源动力并不会消失。它们忙着创造另一种特殊的精神结构，这种精神结构大部分都属于潜意识，用心理学术语总结就是“移情”。

移情是什么？移情是在心理治疗期间，心理冲动和幻想在意识层面所产生的新版本；这类感情有一个特征，那就是患者会想把自己之前对某人的感情倾注在治疗师身上。也就是说，移情唤醒了患者全部的心理体验，那些被唤醒的经历，此时此刻成了与治疗师的共同体验。一些人的移情模式与治疗之前的情感联系模式是相同的，只不过对象变为了治疗师，移情成了他们情感模式的一个翻版。另一些人则对过去的模式进行了一些修改——我们称之为“升华”——这些人有可能对自己的改变有所察觉，因为他们会巧妙地利用环境或治疗师本人的一些特质，来改变自己的情感建立模式。这一类的移情不再是翻版，而是修订版了。

如果我们深入探究精神分析的手段，会发现移情是个不可避免的话题。所有的实践经验都证明，在心理治疗中，移情总是在所难免，它可以被视为患者心理疾病的最新产物，需要和其他产物使用相同的方法来分析。只不过，移情是整个分析中最艰难的一环。要学习释梦的方法，提取患者潜意识的思想和欲望，或者解释两个事件之间的联系都称不上难事，因为患者会主动告诉你与之相关的信息。而移情是唯一的例外，它需要治疗师在没有任何帮助的情况下，靠自己寻找细枝末节方能有所发现。同时，治疗师还必须避免做出过于武断的推测。但根据前文所说，移情又是不可避免的，必然会为治疗过程制造一些障碍，只有当这些障碍被移除之后，患者才会认为自己和治疗师建立了良好的关系，同时，才会试着去相信治疗师的分析。

有的人认为，移情对精神治疗极为不利，因为心理分析本身就很复杂，移情——这种精神疾病的副产物——只会徒增治疗师的负担。他们甚至会猜测，患者在心理治疗的过程中也会因为移情作用而受到伤害，在我看来，以上两种观点都是错误的。移情并没有增加治疗师的工作量，如果想要研究患者与其他人的相处模式和关系，无论研究对象是患者与其他人，还是患者与自己，对治疗师来说没有太大区别，而且，治疗也并不会因为移情的产生而带给患者新的精神压力。神经症有可能不采用心理治疗也能够痊愈，据说歇斯底里症也能因医生本人而非精神分析手段而有所改善。当患者对治疗师存在盲目依赖、而且两人之间的关系相对来说比较持久时，医生便可以通过催眠进行治疗。科学可以证明，所有病情好转的例子其基础都是患者对治疗师的移情。精神分析治疗并不会创造移情，只是将其揭露出来而已，就像揭露患者心中压抑的思想一样。唯一不同的是，患者只会自发地唤起“友好”“亲切”一类的移情，来帮助自己恢复健康。如果这类正性移情，他们没能从治疗师那里感受到，就会认为治疗师“厌恶”他们，进而会在自己被治疗师影响之前尽快逃脱。在精神分析的过程中，因为心理动力不一样，移情甚至可能激发患者敌对的情绪。然后这些情绪进入意识层面，成了导致治疗中新的因素，供治疗师加以分析，也正是通过这种方式，治疗师才可以消除患者的移情。移情看起来好像是精神分析中一块最大的绊脚石，但如果能在每次治疗中都能发现它，并向患者解释清楚，它就会成为治疗最强有力的同盟军①。

我之所以必须讨论移情，是因为只有通过这一因素，才能解释清楚我对杜拉所做的分析。利用移情作出分析的最大优点，在于脉络会非常清晰，非常适合用来作为首创发表。但同时它也有显著的缺点，因为移情作用正是导致治疗中断最主要的原因。我对移情技术的掌握称不上炉火纯青，杜拉在治疗初期，曾非常乐意地将一些关于她病情的信息提供给我，但是我却因此忽视了移情开始时的一些征兆。移情其实与她患病的原因息息相关——我其实正被杜拉忽

① 注于 1923 年：在我发表的精神分析手段的论文《移情之爱》中，对此有进一步的解释。

视。治疗初期，我在杜拉心中的位置，明显已经取代了她的父亲，鉴于我和她父亲年龄差距，她产生这样的想法并非不可能。杜拉甚至经常有意识地把我和她父亲进行比较，急于确定我对她是否是一个坦诚的人，因为她父亲就经常藏着很多秘密，而且说话喜欢绕弯子。但当她第一个梦出现之后，她警告自己：最好停止在我这里的治疗，就像决定不再去 K 先生家一样。我本应该更加重视这个警告，然后对她说："我觉得你对 K 先生的感情，才是你对我的移情，你是发现了什么，让你怀疑我也有 K 先生那种邪念（无论是直接还是隐晦）？或者说，我身上有什么特质，让你对我产生了类似你对 K 先生产生的感情？"如果我真这样做了，她的关注点就会放在我跟她的关系、我本人及我身边的环境上，这样一来，我们或许就有机会发现她对 K 先生也有类似的、隐藏起来的、更为重要的感情。一旦她对我的这份移情被处理掉了，我就可以在治疗过程中用发现新回忆做手段，处理她正在经历的事情。但由于我在治疗过程中并没有发现新的移情迹象，而且当时我认为治疗材料与时间都非常充裕，所以我忽略了她的第一个警告。我没有发现杜拉对我的移情就是她对 K 先生的感情，所以，我不知道我身上的哪一个特质让她联想到了 K 先生，她将她对 K 先生的仇恨投射在我身上，又因为她觉得自己被 K 先生欺骗抛弃，她最后也决定抛弃我。因为以上原因，她在治疗中对自己的记忆和幻想模式做了一些修改，而并不只是简单地重复。我不知道自己有什么特质让她联想到了 K 先生，我猜测应该跟金钱有关，或者她在嫉妒另一位在康复之后仍和我保持密切联系的患者。如果能在治疗早期处理移情问题，虽然治疗的速度和效果会减慢甚至退步，但是却能更好地防止阻抗行为突然而至。

在杜拉的第二个梦中，有几个关于移情的、清晰的暗示。但是当她在跟我讲述她的梦时，我还没意识到这一点（直到两天之后才发现），当我发现这些移情作用时，我们的治疗也仅剩下两个小时了。这恰恰是她在《西斯廷圣母》那幅画面前驻足的时间，也是她需要从 L 湖边走回家的时间（她在此处做了纠正，原本的两个半小时变为了两小时）。在梦中，她把自己幻想成为那位德国年轻工程师，在努力和等待着，其实表明她在等待 K 先生娶她，这些感情其实都在前几天治疗中通过移情作用体现出来了。因为她说过，这个治疗对她来说时间太长了，她没有耐心再等了。但是在治疗最初的时候，我跟她提过如果想要完全康复，可能治疗的时间会持续超过一年，她在那时却非常理智地听取了我的意见，没有半点质疑。她在梦中拒绝了别人的陪伴，更愿意独自前行，源于她在德累斯顿参观美术馆时的一个插曲。我也在后来变为了她所拒绝的那个人，这一切无疑是在表达："男人都是令人厌恶的，我情愿不结婚，这就是我对他们的报复[①]。"

残酷的内心冲动和复仇动机，都已经在杜拉的日常生活中频频出现了，变为了她保持歇斯底里症的原因。如果治疗师没有在治疗中及时发现患者正在对自己移情，也没有去寻找这些情感产生的根源，那么患者病情不见好转便不足为奇。因为患者对医生最大的报复，就是证明医生对自己的病毫无办法。但即使，对杜拉的分析治疗只是一个片段，我也不会低估它的价值。

在杜拉的案例结束了 15 个月之后，当我完成了本书的初稿时，我才知道有关杜拉的康复情况以及有关我治疗效果的消息。在四月一日（我们知道，时间和日期对杜拉来说都有非同寻常的意义）那

① 这次治疗结束之后时间过得越长，我越觉得我分析错误的地方就在于遗漏了这一点：我没有及时告诉杜拉，她对 K 夫人的爱，才是影响她心理的最强大的思想。我其实应该猜到，K 夫人是教会杜拉有关性方面知识的那个人——她同时也是指责杜拉沉迷于性读物有关书籍的那个人。杜拉其实完全了解性方面的知识，但是她却拒绝承认或者说刻意忘记这些知识的来源。这所有的线索都非常明显，我应该一早就注意到，然后将治疗的重心放在寻找这个思想的动机上。如果我真的这样做了，那么杜拉的第二个梦应该会给我提供一些答案。杜拉在梦中表现出想要报复的情绪，无疑是想要隐藏与此相反的感情——她非常仁慈地原谅了 K 夫人的背叛，向所有人隐藏了一个事实：正是这个指控她的朋友（K 夫人）教会了她所有有关性方面的知识。在我还没完全了解一个心理疾病患者的同性恋倾向对他们有多重要之前，我的分析也经常会陷入僵局。

个有点特殊的日子，杜拉又回来找我：为了讲完她的故事，并且希望再次开始治疗。我从她的表情能看出来，她并不是真心想要接受治疗。她说在之前的治疗结束后的四到五周，自己的状态一塌糊涂。但随即，情况却开始渐渐好转，她发病的次数越来越少，而且感到自己的精神也越来越好了。在那年的五月，K夫妇的其中一个孩子（身体状态一直很虚弱）去世了。杜拉前去哀悼，他们一家人接待了她，就像三年来从来没有发生任何事一样。于是，她实施了报复，让他们一家人对她进行了补偿，并且得到了满意的结果。她对K夫人说："我知道你和我父亲有染。"K夫人并没有反驳她的话。K先生也不再抵赖湖边发生的那件事，并且向杜拉的父亲证明了她的清白。从那之后，她就再也没和K家有任何来往了。

随后，她的状态一直都很好，直到十月中旬，她的失音症再次发作，并且持续了六周。我听到这个消息之后非常震惊，询问她是不是在那时候发生了什么事。她告诉我，她发病的时候带有强烈的恐惧感。她目睹一个人被车撞倒，最后发现，被撞的那个人是K先生。她某天在街上遇到他，当时街道的车流量很大，他在她面前精神恍惚地停住了。一不留神，就被马车撞倒了[①]。不过她确信，他并

① 这是来访者一个非常有趣的、暗示自己想要自杀的细节。我曾经在《日常生活中的精神病理学》中分析过这类似的想法。

没有受伤。杜拉偶尔和别人谈及父亲与 K 夫人的奸情时，内心还会泛起一些波澜，但她却不会再深究这件事了。她醉心于工作，并没有结婚的打算。

她说，之所以来找我帮忙，是因为她感到自己的右脸总有一种刺痛的感觉，并且为此日夜饱受煎熬。

“这种感觉持续多长时间了？”

“刚好两周[①]。”

听到这时，我不禁笑了出来。因为我知道应该是在两周之前，她在报纸上看到了有关于我的新闻（1902 年），她自己也承认了这一点。

她所谓的右脸神经性疼痛，其实是一种自我惩罚——她后悔当时在湖边给了 K 先生一个耳光，也后悔她把自己想要对 K 先生复仇的感情转移到了我身上。我不知道她到底希望我怎样帮助她，但我答应，对于她不给我机会彻底根治她的这件事，我会原谅。

自杜拉这次拜访之后，又过了几年，她结婚了。她的确——除非有其他线索误导了我——嫁给了与第二个梦相关的那位年轻工程师。就像在第一个梦里，她离开了她所爱的男人，转而投向了父亲

①两周这个时间的意义及其与她报复心愿之间的关系，可以参考第二个梦境分析。

的怀抱一样——那意味着她从现实生活中逃开，用疾病来隐藏自己——而第二个梦也宣告了，她即将挣脱父亲的怀抱，再次回归现实生活。

附录A　歇斯底里症幻想和双性恋的关系[①]

我们都清楚，偏执型妄想患者的幻想描绘了他们心中的美好或痛苦，而且会以固定的形式定期出现。我们也会遇到一些性变态——他们会在幻想或现实生活中获取自己的性满足。不过，有一点很多读者并不清楚，那就是类似的幻想，也会出现在所有心理疾病患者的内心活动中，特别是歇斯底里症患者。这些所谓的歇斯底里症幻想，与他们的神经症诱因有着极其重要的联系。

这些幻想的来源和原型，都是所谓的青春期白日梦。在那个时期，人们的思想还未发育健全，很可能产生些不太正确的想法，而且，青春期的孩子都对性有特别的兴趣，所以会阅读有关性的

---

① 首次刊登于1908年出版的《性科学杂志》，后又再版于《文集》。

书籍[①]。这种幻想在男性和女性中都会出现，在女孩的幻想中，它们一般带有色情的意味，而在男生的幻想中，可以既和性有关，也与他们的雄心壮志有关。但不能因此小觑男生性幻想的威力，一个关于男性白日梦幻想的实验证明，他们所有的英雄主义历险，所有的成功，都是为了取悦女人、打败情敌[②]。这些幻想来自他们的欲望，是他们在现实中磋磨后的产物。它们之所以被称为白日梦，是因为它们可以帮助我们理解晚上的梦，晚上人们做梦其本质和白日梦一样，源自人的欲望和幻想，但是却被人的意识复杂化、扭曲并误解了[③]。

人们总是对白日梦抱有极大的兴趣，小心珍藏并羞于示人，因为这些是人们心中最私密的财产。如果你白天走在大街上，会非常容易辨认出一个正在做白日梦的人，因为他们会突然开始傻笑，自己跟自己讲话，或者加快自己的脚步。迄今为止，我观察到的所有歇斯底里症的发病，都是因为患者在生活中不由自主地做起了白日

---

① 参考我与布洛伊尔合著的《歇斯底里症研究》、皮埃尔·让内的《偏执型神经症》和《潜意识白日梦》、蔼理斯博士的《性心理学》，还有我的《梦的解析》以及《歇斯底里症病例猜想》。

② 蔼理斯博士也持有相同的观点。

③ 参考《梦的解析》。

梦。我们的观察结果表明，这种幻想可以是有意识的，也可以是潜意识的。当他们变为潜意识幻想时，就会导致疾病（例如表现为疾病本身或突然发病）。在有利的情况下，意识有可能会发现这类潜意识幻想。有一次，在我让一位患者留意她的幻想之后，她告诉我，她有一次曾在大街上突然痛哭。她迅速回想自己为何会哭，于是发现了自己心中的一个幻想。一个在镇上非常出名的钢琴家（他并不认识她）跟她发生了关系，她因此有了一个孩子（实际上并没有），他选择抛弃了她和孩子，并留给他们无尽的痛苦。她在大街上哭起来，正是因为她幻想到了这样的场景。

潜意识幻想往往在潜意识中存在，或者在潜意识中形成。它们也有可能曾经是有意识的幻想或者白日梦，但是它们被选择性地遗忘和抑制了，从而进入了潜意识。所以，幻想的内容有可能跟之前相同，也有可能有所改变。所以，此刻的潜意识幻想，就是过去意识层面幻想的衍生物。潜意识幻想与一个人的性生活有着密不可分的联系。当一个人手淫的时候，正是因为这个幻想才让他达到性满足。手淫（或称自慰）可以包括两个部分：第一部分是幻想的产物，第二部分则是在幻想中达到最大程度的自我满足。手淫的这两个部分相互关联[1]，最初，自慰只是为了使身体的某个器官达到高潮。随后，这个行为就与人们的幻想中的性爱对象和愿望联系起来，然后，在高潮中部分实现自己对另一个人的幻想。如果这个人放弃依靠幻想来达到性高潮，也不再有手淫的行为，先前那个在意识层面的幻想则变为了潜意识的幻想。在没有其他方式来满足自己的性需求时，这个人还是会继续禁欲，以致自己的性欲被压制，换句话说，他们需要为自己的性欲找到更好的释放方式。也就是在这样的情况下，他们的潜意识幻想再度被激发，对性的需求也会不断壮大蔓延，最后通过疾病的形式表现出来，毕竟，这些欲望可以通过疾病达到部分的满足。

这样一来，潜意识的幻想就成为了歇斯底里症的基础。歇斯底里症的病症不过是潜意识幻想的表现形式，是一种“变形”。而歇斯底里症的表现始终会与身体有关，都源自潜意识幻想所造成的性感觉与运动神经的改变。所以，当疾病病源得以消除后，最初的性欲会被重新唤醒，即使无法完全唤醒，患者被中断的手淫也将会再度出现。

那些研究歇斯底里症的人会发现，他们的分析会很快从症状

---

① 参考《性学三论》。

本身，转向患者的潜意识幻想。首先，精神分析法让治疗师从患者的症状揣测出其幻想，之后，再让这些幻想出现在患者的意识层面。通过精神分析我们能发现，通过变态的性欲，歇斯底里症患者的潜意识幻想与意识层面达到了一致。如果有人需要个例证，只需要想象那位举世闻名的罗马帝国君王，他毫无节制地胡乱下令，导致整个国家都淫靡不堪。偏执型妄想患者的思想与之相似，但是他们的幻想却能够直入意识层面，他们的幻想都基于性施虐和性受虐的想法。而在歇斯底里症患者的潜意识幻想中，也存在相互对立的想法。实际上，歇斯底里症患者不会将自己的幻想表现为病症，却会将这种幻想付诸于行动，所以他们会产生恐吓、攻击甚至性侵行为。

这种分析法，是通过明显的症状挖掘出隐藏的潜意识幻想，能揭示出神经症患者所有关于性方面的想法。就算本文如此短小，但还是揭示了患者关于性方面的一些想法[①]。

幻想和症状之间的关系并不简单，这是因为潜意识的幻想不一定每次都会找到释放的出口，它们在释放途中，也经常会遇到很多困难。有这样一个规律——如果一个神经症已经产生，而且持续了

---

① 梦中的隐藏意念和表现出来的意念，也有相同的关系，具体分析请参考《梦的解析》。

很长一段时间，那么它的症状表现不仅与某个潜意识幻想相吻合，而是很多幻想的合集，这情况并不是随机出现的，而是遵循了某种规律。不过在患病初期，幻想的复杂性并没得到完全发展，所以也不会表现出来。

从大家的兴趣考虑，现在，我会拆分我提出的理论，把歇斯底里症的性质一点点阐释清楚。这些观点并不互相抵触，而是互为补充，描绘出了更加完整和准确的歇斯底里症概念。其中某些条例还兼容了一些不同的观点。

1. 歇斯底里症症状，是患者受过创伤性经历之后所形成的一种记忆符号。

2. 通过“转化”和联想，歇斯底里症的表现，就是这些创伤性经历的替代品。

3. 歇斯底里症症状就像其他的精神产物一样，它们的存在是为了表达患者的欲望。

4. 患者的欲望积压在潜意识中，而歇斯底里症症状将这些欲望表现出来。

5. 歇斯底里症症状为患者提供性满足，而且代表了他们性生活的一部分（与他们与生俱来的性本能相吻合）。

6.歇斯底里症症状与儿时就形成的性满足相对应，但由于长大之后，儿时的性满足被抑制了，所以歇斯底里症症状才表现出来。

7.歇斯底里症症状是对两个相互对立的思想的妥协，其中一个思想代表患者本能的冲动或性欲，另一个思想则想要抑制它。

8.歇斯底里症症状可以代表多种与性无关的潜意识冲动，它背后的意义却一定与性有关。

在这些定义中，第七条最完整地表述了一点：歇斯底里症症状的存在，就是为了满足患者的幻想。第八条则清晰地解释了歇斯底里症与性的关系，并涵盖了前面的某些观点。

通过对病症进行精神分析，我们从幻想和病症的联系之中，能很容易找到构成人类意识中占主导的性本能的元素。上述内容我已经在《梦的解析》中提及过。但在某些病例中，这种精神分析法可能会取得预料不到的结果。分析结果证明，仅仅凭借一个潜意识性幻想，或者多个潜意识性幻想里最重要的那一个，距离消除病症还很遥远；对于一个病症，我们至少需要找到两个性幻想，而且其中一个代表着男性性幻想，另一个代表着女性性幻想，也就是说其中一个幻想是患者对于同性的幻想——这个观点正好符合我们的第七条描述，歇斯底里症病症一定是性欲望和性压抑两个愿望折中的产物，有时，患者也会在幻想中将自己的性别与实际对调，所以，才会对自己同性之人产生欲望。

无须举例证明这个规律，我的经验告诉我，这种简短的分析是难以让人信服的，所以，下一次我会用详尽的案例进行佐证。

现在，我将着力强调下面这条观点的重要性。

9. 歇斯底里症症状同时表达了男性和女性两方面所持有的潜意识性幻想。

我必须明确地告诉大家，这个观点并不像前面的观点那般普遍。在我看来，它不适用于单个案例中的所有病症，也不适用于所有案例，但是，有个常见的现象是：这两个相互对立的性幻想，会导致不同的疾病症状，我们可以通过研究患者心中对立的性幻想，来区分两个幻想所造成的症状。第九条观点在实际病例中出现的频率很高，所占地位极重，所以值得重视。我认为，这应该是决定歇斯底里症病症最为复杂的一个病因了。这种情况也只有当歇斯底里症持续时间很久、病症非常严重的时候才会出现[①]。

歇斯底里症病症的双性特质，在很多案例中都有体现，这恰恰有利于证明我的观点：男人的双性恋倾向[②]可以通过精神分析法鉴别。与此类似的是，当一个男人手淫时，他在幻想中会将自己当作女性，反之亦然。在某些歇斯底里症患者的表现中，我们发现他们偶尔会同时扮演男性和女性的角色——我曾经观察过一个案例，一位女患者用一只手压住她的裙子（女性），但却用另一只手去撕扯她的裙子（男性）。这种两个相反的动作同时发生，看起来非常怪异，让人难以理解，不过这却很好地掩饰了他们潜意识的心理活动。

在精神分析的过程中，一定要善于发现与挖掘患者的双性幻想。如此一来，当我们挖掘出了患者关于性方面的幻想，但他们的症状却未因此消除时，我们才不至于少见多怪，因为我们知道，他们心中可能还隐藏着对同性的幻想。在遇到这类病例时，我们应该多观察患者是如何将自己的思想反向平移的，并如何以此来避免自己的性幻想被人发现并分析。

---

① 萨德戈尔在最近发表的《弗洛伊德精神分析法的意义》中，发现并证明了这个结论。

② 参考《性学三论》。

附录B　关于歇斯底里症的讨论[1]

一、治疗歇斯底里症患者时，我们很容易认为，这种病症只是患者脑中的幻想投射和转化之后的结果。他们的这些幻想确实属于潜意识，但其本质和他们的白日梦与夜梦解析并无二致。梦有时会取代病症而发生，更多时候，还能帮助人们解释病症，因为即使同一个幻想，在梦中或病症中也会有不一样的表现。如果我们希望通过观察一个人的病症挖掘出他的幻想，这无异于痴人说梦。患者的幻想所出演的这部哑剧，在被审核之后会有所扭曲，类似于梦中出现的幻想，所以同时着手于这两个方面，有助于帮助治疗师理解病情，同时也能帮助患者认清自己。因此，歇斯底里症病症的研究也需要像释梦一样，不仅需要分析幻想扭曲的原因，还需要了解它是

---

① 首次发表于1909年《医学心理学以及心理治疗杂志》，再版于《文集》。

怎样扭曲的。

1. 歇斯底里症之所以难以理解，是因为同一个病症代表了多个幻想，也就是说幻想被浓缩了。和做梦一样，歇斯底里症表现的核心是两个或多个幻想的共同特点，并且几个幻想通常属于不同类型。例如，近来新出现的欲望，以及儿时记忆的复苏，它们可以被同一个神经症表现同时满足。一个能够综合自己幻想的患者，可能只有一种病症表现；但不会浓缩方法的患者，则会出现多种病症形式。

2. 当患者的幻想中不止自己一个人时，为了体现他心中的所有幻想，他的病症会更加难以理解。例如我之前提到的病例[①]，患者用一只手撕扯自己的裙子（男性），同时用另一只手紧紧压着裙子（女性）。

3. 有一个非常有效的扭曲幻想的方式——拮抗作用。这种方式，类似于在梦中把一个物品想象成它的反面。例如，在歇斯底里症发作的时候，一个人本想要拥抱的双手却向后伸展，在脊椎后相碰。歇斯底里症中有名的圆弧现象，其实就是一种能量的抵消，所以才形成了与性交姿势完全相反的另一个姿势。

4. 在一个人的幻想中，最迷惑的还是时间点问题。这也像做梦

---

① 参考本书附录“歇斯底里症幻想和双性恋的关系”。

一样，有的人会把梦的开头当作结尾，而把梦的结尾当作开头。例如，一个歇斯底里症患者心中有一个被诱惑的幻想，她幻想自己坐在公园的凳子上，裙子的一角被掀了起来，一条腿若隐若现。这时，一个绅士走过来跟她讲话，然后他们一起去了某个地方做爱。在歇斯底里症发作时，这个幻想也许会以这样的事件顺序出现：她因为达到高潮而颤抖，然后她站起来，走到另一个房间，坐下来看书，并回答她想象中的一些问题。

上面两种幻想的扭曲形式，可以显示出它们受抑制的程度，尽管，它们最终还是以歇斯底里症的形式表现了出来。

二、歇斯底里症发作时的规律很好理解。因为被抑制的思想包括情欲和幻想，所以，歇斯底里症的发作会通过以下方式呈现：a）联想——当压抑的思想（幻想）被某种现实因素所刺激；b）器质性——当外界刺激或自身性欲被激发到一定程度时；c）安慰——如果患者的现实生活受阻，那么他的主要情感倾向会帮助他用“故意患病”来获得好处；d）目的——当患者的疾病能够达到某个目的时，也会发病。最后一个情况一般特指某人，他们会在接近那个人的时候，延续自己的症状。

三、对歇斯底里症患者的童年生活进行的研究表明，他们的病症表现是种替代品，替代的是曾在儿童时期出现过、后来又放弃的自慰手段。在很多案例中，这类性满足（手淫、夹腿或是吮吸）会在歇斯底里症发作时重现。歇斯底里症发作，是因为性欲以及情感增强——例如心理慰藉——再现了患者小时候自慰时的情景。因此，患者的病史可以分为以下几个阶段：a）没有幻想内容的自慰；b）有幻想的自慰，但幻想在患者达到高潮时便消失；c）停止自慰时，幻想依然存在；d）幻想被抑制，但是会在歇斯底里症发作时表现出来，为了适应新的经历，这时的幻想内容可能与之前的相同或不同；e）在儿时已被放弃的自慰动作，有可能重新出现。这是儿童时期性行为的典型循环：抑制，抑制失败，重新抑制。

尿失禁当然不是歇斯底里症的诊断标准，它只是儿童时期尿床的再现。另外，我们在歇斯底里症案例中能发现有的患者会咬舌头，这个动作其实更加符合性爱行为。当治疗师开始对患者提出一些鉴别诊断的问题时，他们发病的频率会更高。自残行为也有可能出现在歇斯底里症患者身上（男性更常见），并且会再现患者在童年时期经历的意外（例如打架）。

在歇斯底里症发作时，也有可能出现“失魂”状态，也就是分离转换障碍。这种情况一定是因为它与儿时达到性高潮时的状态相吻合。如果“失魂”是由于少女时期的自慰，那么这个症状是很容易追踪的。所谓的催眠状态，和白天时发生的白日梦状态都跟此症状有相同的来源。“失魂”产生的机制非常简单：首先，他们所有的精力都投入在获得性高潮的过程中；随后，当达到高潮时，性欲会瞬间消失，大脑出现一瞬间的空白。这种生理上的意识空白，会在抑制作用下不停地延长，直到最后，甚至出现木僵状态。

四、歇斯底里症是我们想要压抑性欲的反作用机制。世界上的所有人，包括女人，都会放纵自己屈服于性欲，而歇斯底里症表现正是我们性交时所需要做的动作的体现。古人称性交为“微癫痫”。我们可以换种说法：歇斯底里症的发作，就是性交。但无论是癫痫还是歇斯底里症，对我们而言没有太大区别，因为我们对癫痫的了解，并不比歇斯底里症多。

总而言之，任何形式的歇斯底里症发作，对女性来说都唤起了她们儿时手淫时的情景，而且在那个时候，她们还带有一些男性特征。我们常常会发现，那些在青春期之前存在男孩子倾向的女孩，青春期时患有歇斯底里症的概率更大。所有病例中都能证明一点，歇斯底里症就是一个压抑的过程，这个过程中，会使一个人的男性特征消退，从而让女性特征呈现出来[①]。

---

①参考《性学三论》。

武志红主编

可以让你变得更好的心理学书

《我们内心的冲突》

[美]卡伦·霍妮 著

每个人都有内心冲突，但什么样的冲突会导致心理疾病呢？
这些冲突是如何形成的，怎样才能从这些冲突中突围呢？
本书是世界著名心理学家和精神病学家卡伦·霍妮的代表作，导读则是在中国享有盛誉的资深心理咨询师、畅销书作家武志红。

《我与你》

[德]马丁·布伯 著

《我与你》是二十世纪最伟大的哲学家之一的马丁·布伯的代表性作品；武志红老师主编和精彩导读。武志红说："一直以来，对我影响最重要的一本书，是马丁·布伯的《我与你》。"

《恐惧给你的礼物》

[美]加文·德·贝克尔 著

一本心理学奇书。用惊心动魄的故事，凝视人性的深渊。教你依靠直觉，瞬间看透人心。这本书是每个人必备的生存手册，是加文·德·贝克尔亲身经历和丰富经验的真实总结。它史无前例提出的危险预测法，在关键时刻可以救你的命。
武志红老师主编和精彩导读。

《自卑与超越》

[奥]阿尔弗雷德·阿德勒 著

《自卑与超越》是个体心理学的先驱——阿尔弗雷德·阿德勒的代表作品，是人类个体心理学经典著作。
武志红老师主编和精彩导读。

武志红主编

可以让你变得更好的心理学书

《乌合之众》

[法]古斯塔夫・勒庞 著

《乌合之众》是群体心理学的巅峰之作；弗洛伊德、荣格、托克维尔等心理学大师，和罗斯福、丘吉尔、戴高乐等政治家都深受该书影响。
武志红老师主编和精彩导读。

《心灵地图》

[美]托马斯・摩尔 著

这是一本影响深远的书，将告诉我们如何在阴影中行走，它补全了我们失落的一角。

《少女杜拉的故事》

[奥]西格蒙德・弗洛伊德 著

《少女杜拉的故事》是弗洛伊德将精神分析和释梦理论运用于实践的经典案例。读这本书不仅可以领略到精神分析强大、诱人的魅力，还可以从中寻找到走出原生家庭，获得治愈的路。

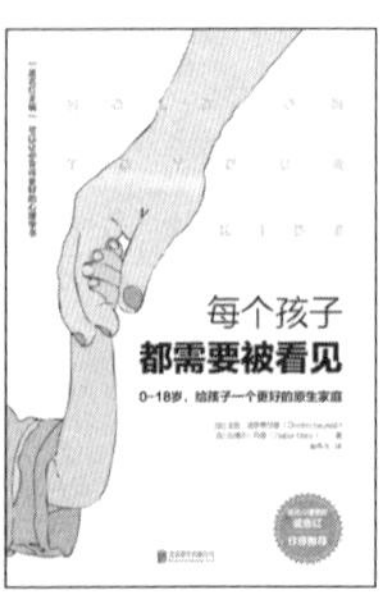

《每个孩子都需要被看见》

[加]戈登・诺伊费尔德 [加]加博尔・马泰 著

本书从父母与孩子的依恋关系入手，深入剖析不健康原生家庭是如何伤害孩子的，并提出原生依恋关系的6种建立方式。知名心理学家武志红主编并作序推荐。

武志红主编

可以让你变得更好的心理学书

《晚年优雅》

[美]托马斯·摩尔 著

心智不经磨难，就不会成熟；灵魂不经淬炼，就不会呈现。而《晚年优雅》这本书，让我们看到了变老的另一种模式——接纳变老的事实，让灵魂经受淬炼。

畅销书《心灵地图》作者托马斯·摩尔的又一部力作！武志红老师主编和精彩导读。

《性学三论》

[奥]西格蒙德·弗洛伊德 著

我们对性的所有困惑，都将在本书中找到答案。

《性学三论》是人类性学领域的奠基之作，可以让人从本质上了解“性”，而这些本质的了解，不仅能帮我们正视自己的性，更能帮我们懂得别人的性，从而将性衍生为生命的动力。

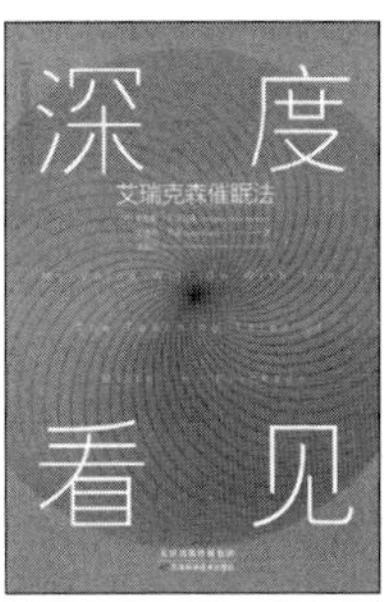

《深度看见》

[美]米尔顿·艾瑞克森 史德奈·罗森 著

作为现代催眠之父，这本书以纪实的方式，记录了艾瑞克森进行催眠的完整过程，不仅包含众多真实案例，更有他对于催眠及潜意识所总结出的珍贵经验，是了解催眠和潜意识领域的必读书目。